हिन्दी
और
सूचना प्रौद्योगिकी

हिन्दी
और
सूचना प्रौद्योगिकी

सम्पादक
डॉ. पूर्णिमा आर
अध्यक्ष हिन्दी विभाग
एसएसवी कॉलेज, वलयंचिरंगरा
पेरुंबावूर, केरल

वाणी प्रकाशन

वाणी प्रकाशन

4695, 21-ए, दरियागंज, नयी दिल्ली 110 002

फ़ोन : +91 11 23273167 फ़ैक्स : +91 11 23275710

शाखाएँ

अशोक राजपथ, पटना 800 004, बिहार

कॉफ़ी हाउस कैम्पस, महात्मा गांधी मार्ग, इलाहाबाद 211 001, उत्तर प्रदेश

महात्मा गांधी अन्तरराष्ट्रीय हिन्दी विश्वविद्यालय, वर्धा 442 001, महाराष्ट्र

www.vaniprakashan.in
marketing@vaniprakashan.in
sales@vaniprakashan.in

HINDI AUR SOOCHNA PRAUDOGIKI
Edited by Dr. Poornima R

ISBN : 978-93-88684-88-0

प्रथम संस्करण 2019

मूल्य : ₹ 57

एम.एस. प्रिंटर्स, दिल्ली-110 093 में मुद्रित

वाणी प्रकाशन का लोगो मक़बूल फ़िदा हुसेन की कूची से

अनुक्रम

कम्प्यूटर और भारतीय भाषाएँ

सूचना प्रौद्योगिकी एक सरल तन्त्र है जो तकनीकी उपकरणों के सहारे सूचनाओं का संकलन, प्रक्रिया एवं सम्प्रेषण करता है।

यूनेस्को की व्याख्या के अनुसार, "सूचना प्रौद्योगिकी एक शास्त्रीय, तकनीकी, प्रबन्धकीय एवं अभियान्त्रिकी शाखा है, जो सूचनाओं के तन्त्र को विकसित करके उसका प्रयोग कम्प्यूटर के माध्यम से करते हुए मानव और मशीन के बीच सामाजिक, आर्थिक एवं सांस्कृतिक परिवेश को सुदृढ़ और सबल बनाती है।"

भारत एक बहुभाषी देश है। भारतीय संविधान में राजभाषा हिन्दी सहित कुल 21 भाषाओं को स्थान प्राप्त हुआ है। भाषावार प्रान्त रचना के फलस्वरूप विभिन्न प्रान्तों में अलग–अलग भाषाओं का प्रचलन बढ़ गया है। विभिन्न भारतीय भाषाओं के बीच हिन्दी भाषा एक पुल है जिसके सहारे विभिन्न भारतीय भाषाओं में समन्वय निर्माण किया गया है। देश के अधिकांश भागों में धर्म, व्यापार, पर्यटन के क्षेत्र में हिन्दी भाषा का समुचित प्रयोग किया जाता है।

औद्योगिक क्रान्ति में मशीनों के सहारे उत्पादकता बढ़ी है और गुणवत्ता में एकरूपता आयी है। 1947 में ट्रांजिस्टर, 1971 में माइक्रोप्रोसेसर के विकास से कम्प्यूटर का आकार छोटा और गणना शक्ति विशाल हो गयी है। छोटे और अधिक शक्तिशाली कम्प्यूटर के द्वारा व्यापार, शिक्षा, कार्यालय आदि अनेक क्षेत्रों में तेज़ी से विकास हुआ है। कम्प्यूटर में हिन्दी प्रयोग की बढ़ती सम्भावनाओं को ध्यान में रखकर इलेक्ट्रानिकी विभाग ने "भारतीय भाषाओं के लिए टेक्नोलॉजी विकास नामक परियोजना के अन्तर्गत कई प्रोजेक्ट शुरू किये हैं। संघ की राजभाषा नीति के अनुसार हिन्दी भाषा को बढ़ावा देने के लिए सभी सरकारी, अर्ध–सरकारी उद्यमों में हिन्दी भाषा का प्रयोग अनिवार्य किया गया है।" किसी भी प्रजातन्त्र में सरकारी अथवा निजी संगठन में जनभाषा का सम्मान करना फलप्रद होता

है। सरकारी कामकाज में पारदर्शिता लाने के लिए सूचनाओं का माध्यम जनभाषा होना जरूरी है।

इण्टरनेट प्रणाली के महाशक्तिशाली तन्त्र में भाषा का अपना एक विशिष्ट स्थान होता है। अन्तरराष्ट्रीय स्तर पर अंग्रेजी, मंडारिन, फ्रांसीसी, जापानी, अरबी, स्पेनिश आदि भाषाएँ कम्प्यूटर क्षेत्र में काफी आगे बढ़ गयी हैं साथ ही इनका प्रयोग भी। दुर्भाग्य से भारत में कम्प्यूटर पर भारतीय भाषाओं का प्रचार–प्रसार बहुत धीमी गति से हुआ है। आज हम दूरदर्शन पर जापानी या चीनी शेयर बाजार का दृश्य देखते हैं तब यह मालूम होता है कि वहाँ के सभी बोर्ड, सूचनाएँ जापानी या चीनी भाषा में प्रदर्शित होती हैं। हमारे देश में शेयर बाजार का दृश्य कुछ अलग होता है। आम भारतीय निवेशक अपनी पूँजी भारतीय अथवा विदेशी कम्पनियों के शेयरों में केवल अंग्रेजी भाषा में उपलब्ध प्रपत्र में ही प्रस्तुत करने के लिए विवश है। भाषाओं की इस असुविधा को हटाना जरूरी है। आर्थिक उदारीकरण के तहत भारत के बाजार विदेशी कम्पनियों के लिए खोले जा रहे हैं। विदेशी कम्पनियाँ भारतीय उपभोक्ताओं को आकर्षित करने हेतु भारतीय भाषाओं का बखूबी प्रयोग कर रही हैं।

सूचना प्रौद्योगिकी के तहत मशीनी अनुवाद एवं लिप्यन्तरण सहज एवं सरल हो गया है। सी–डैक पुणे ने सरकारी कार्यालयों के लिए अंग्रेजी–हिन्दी में पारस्पारिक कार्यालयी सामग्री का अनुवाद (निविदा सूचना, स्थानान्तरण आदेश, गजट परिपत्र आदि) करने हेतु मशीन असिस्टेड ट्रांसलेशन ''मन्त्रा'' पैकेज विकसित किया है। हिन्दी भाषा में वेबपेज विकसित करने हेतु ''प्लग इन'' (Plug in) पैकेज तैयार किया है जिससे कोई भी व्यक्ति/संस्था अपना वेबपेज हिन्दी में प्रकाशित कर सकता है।

अब वेबसाइट पर हिन्दी इलेक्ट्रॉनिक शब्दकोश उपलब्ध है। इसी तरह अंग्रेजी तथा भारतीय भाषाओं में पारस्परिक अनुवाद प्राप्त करने की सुविधा भी उपलब्ध है। कन्नड़ हिन्दी के बीच ''अनुसारक'' सॉफ्टवेयर तैयार किया गया है। हिन्दी और दक्षिण भारतीय भाषाओं के बीच अनुवाद सॉफ्टवेयर का विकास आई.आई.टी. कानपुर तथा हैदराबाद विश्वविद्यालय में किया जा रहा है। अंग्रेजी–हिन्दी अनुवाद हेतु एम.सी.एस.टी. में समाचार–पत्रों एवं कहानियों के लिए तथा सी–डैक पुणे में प्रशासनिक सामग्री के लिए विशेष सॉफ्टवेयर विकसित किये गये हैं। सी–डैक पुणे द्वारा निर्मित लीप–ऑफिस सॉफ्टवेयर में अंग्रेजी–हिन्दी शब्दकोश, अनुवाद,

समानार्थी शब्दकोश, हिन्दी में ई–मेल आदि अंग्रेजी भाषा के समकक्ष सभी सुविधाओं को प्रस्तुत किया गया है।

कम्प्यूटर एवं इण्टरनेट के सहारे शिक्षा का प्रसार तीव्र गति से होने की सम्भावना बढ़ गयी हैं। सुदूर ग्रामीण क्षेत्रों में यातायात की सुविधा के अभाव स्वरूप कई बच्चे स्कूल नहीं जा सकते। हर गाँव में पाठशाला का प्रबन्ध सरकार द्वारा किया जाता है लेकिन प्रशिक्षित शिक्षक एवं साधन सामग्री के अभाव के फलस्वरूप शिक्षा का प्रसार बहुत धीमी गति से हो रहा है। आने वाले दिनों में हर स्कूल एवं महाविद्यालय में कम्प्यूटर एवं इण्टरनेट सेवा अनिवार्य हो जायेगी। एन.आई.सी पुणे ने वारणानगर गोकुल दूध डेयरी परिसर हेतु कम्प्यूटर पर मराठी भाषा को स्थापित किया है। इसके द्वारा ग्रामीण किसान व छात्र अपनी भाषा में कम्प्यूटर के सहारे दैनन्दिन कामकाज करने में सक्षम हो गये हैं।

सूचना प्रौद्योगिकी में हिन्दी भाषा का प्रचलन धीरे–धीरे बढ़ रहा है। माइक्रोसॉफ्ट, याहू, रेडिफ आदि विदेशी कम्पनियों ने अपनी वेबसाइट पर हिन्दी भाषा को स्थान दिया है। बी.बी.सी. ने भी पंजाबी, बंगाली के साथ–साथ हिन्दी में वेबसाइट विकसित की है। सूचना प्रौद्योगिकी में ई–कॉमर्स, ई–गवर्नेंस क्षेत्र में हिन्दी का विकास धीरे–धीरे हो रहा है। भारत सरकार के नेशनल सेण्टर फॉर सॉफ्टवेयर टेक्नोलॉजी (NCST) ने सभी भारतीय भाषाओं की लिपि को कम्प्यूटर पर स्थापित करने हेतु विशेष अभियान चलाया है। अमेरिकन माइक्रोसॉफ्ट कम्पनी ने एन.सी.एस.टी के साथ एक संयुक्त योजना के तहत विश्व प्रसिद्ध विंडोज़ प्रणाली पर भारतीय भाषाओं को विकसित करने का कार्य शुरू किया है। एम.एस. ऑफिस सॉफ्टवेयर–2000 के दक्षिण एशियाई संस्करण में अब तमिल और देवनागरी लिपि को स्थापित किया गया है। भारत की आम जनता भारतीय भाषाओं में तथा दृश्य–चित्र और स्पर्श के सहारे कम्प्यूटर का प्रयोग सभी क्षेत्रों में कर सकेगी।

सूचना प्रौद्योगिकी मन्त्रालय, भारत सरकार ने खार घर (नयी मुम्बई) स्थित छः एकड़ भूमि में पच्चीस करोड़ राशि की लागत से भारतीय भाषाओं के सॉफ्टवेयर विकसित करने हेतु कार्य शुरू किया है। सी–डैक ने इंडबाजार डॉट कॉम (Indbazaar.com) के सहयोग से हिन्दी भाषा सीखने हेतु "लीला" नामक वेबसाइट उपलब्ध करवायी है। इस वेबसाइट के सहारे भारतीय भाषाओं की पढ़ाई ऑनलाइन मुफ्त प्रदान की जा रही है। संस्कृत भाषा

का धार्मिक एवं सांस्कृतिक महत्त्व ध्यान में रखते हुए सी–डैक ने चारों वेद एवं अन्य पौराणिक ग्रन्थों को व्यास नामक वेबसाइट पर प्रकाशित किया है। रेडिफ, भारत मेल, जिस्ट मेल, अपना मेल, वी.एस.एन.एल., वेब दुनिया, जागरण आदि अनेक भारतीय एवं विदेशी साइट पर भी ई–मेल में हिन्दी की सुविधा बहाल की गयी है। सूचना प्रौद्योगिकी के आधुनिक उपकरणों का प्रसार आम जनता तक पहुँचाने हेतु सिम कम्प्यूटर जैसे सस्ते उपकरण उपलब्ध करवाने हेतु सरकार प्रयत्नशील है।

विज्ञान का अन्तिम लक्ष्य साधारण गरीब व्यक्ति के आर्थिक–सामाजिक विकास में सहायता करना है। सूचना प्रौद्योगिकी के क्षेत्र में भारतीय युवकों ने अपनी प्रतिभा एवं अंग्रेजी भाषा पर प्रभुत्व के कारण अमेरिका के सिलीकॉन वैली में कार्यरत माइक्रोसॉफ्ट, पैंटियम, इंटेल आदि कम्प्यूटर क्षेत्रों में 50 प्रतिशत भागीदारी दर्ज की है। विदेशी कम्पनियों के सीमित लक्ष्य को ध्यान में रखते हुए भारतीय युवक कुछ कालावधि के लिए अनुबन्ध करके विदेश चले जाते हैं। लेकिन बदली आर्थिक स्थिति में विदेशी कम्पनियाँ भारतीय युवकों को अनुबन्ध भंग करके लौटा रही हैं। विदेश में प्रशिक्षित कम्प्यूटर इंजीनियर को आकर्षित करके भारतीय भाषाओं को सूचना प्रौद्योगिकी में विकसित करना चाहिए।

भारत में नवनिर्मित सूचना प्रौद्योगिकी मन्त्रालय ने यह जान लिया है कि देश में डिजिटल विभाजन बढ़ गया है। इण्टरनेट का प्रयोग कुछ सीमित अंग्रेजी जानने वाले अमीर लोगों तक सीमित है। ग्रामीण क्षेत्र में दूरसंचार नेटवर्क विकसित करने का प्रयास किया जा रहा है। इण्टरनेट विकास हेतु दूरसंचार क्षेत्र को आधार बनाया गया है। नेशनल इण्टरनेट बैकबोन (राष्ट्रीय इण्टरनेट ढाँचा) विकसित करने में दूरसंचार की अहम भूमिका होगी। विदेश की तुलना में भारत में दूरसंचार घनता प्रति व्यक्ति दो या तीन है जबकि चीन, जापान आदि एशियन देशों में यह प्रतिशत 15–20 तक है।

भारत सरकार की नीति के अनुसार ग्रामीण क्षेत्र का राजस्व रिकॉर्ड भारतीय भाषा में विकसित किया जा रहा है। लैण्ड रिकॉर्ड नामक महत्त्वाकांक्षी योजना में हिन्दी भाषा का प्रयोग बढ़ने की सम्भावना है। आने वाले दिनों में उत्तर भारत का साधारण पटवारी लैण्ड रिकॉर्ड हिन्दी में कम्प्यूटर पर तुरन्त प्रस्तुत करेगा। कम्प्यूटर की सहायता से विश्वविद्यालय, स्कूल में शिक्षा का प्रसार बढ़ाया जा सकता है। आज अमेरिका में एम.आई.टी. संस्था ने अपने सभी पाठ्यक्रम इण्टरनेट पर

मुफ्त प्रस्तुत किये हैं। डिप्लोमा से लेकर पी–एच.डी, डी–लिट तक सभी पाठ्यक्रम विश्व के किसी भी कोने में बैठकर इण्टरनेट द्वारा हासिल किये जा सकते हैं। स्कूली स्तर पर हिन्दी भाषा का पाठ्यक्रम प्रयोजनमूलक बनवाकर विज्ञान, गणित, वाणिज्य आदि विषयों के साथ तालमेल बैठाया जाये तथा ये सामग्री इण्टरनेट पर जोड़ी जाये जिससे छात्र हिन्दी पाठों को रुचि से पढ़े तथा हिन्दी को व्यवहार में लाये। आंतरिक प्रतिभा का विकास करने हेतु विचार अभिव्यक्ति का माध्यम मातृभाषा में होना जरूरी है। इंजीनियरिंग, मेडिकल और प्रबन्धन में स्नातक स्तर पर हिन्दी भाषा में जनसम्पर्क प्रोजेक्ट अनिवार्य हो जिससे वे लोकभाषा हिन्दी में सूचना संग्रह कर सकें। समाजोपयोगी कार्यक्रमों को आम लोगों को समझाने में समर्थ हो सकें। विचारणीय है कि यदि हमारे इंजीनियर, डॉक्टर, प्रबन्धक उपयुक्त टेक्नोलॉजी और तकनीक को जनसामान्य को जितने प्रभावी ढंग और आसानी से समझा सकेंगे देश की उन्नति उतनी तेज हो जायेगी। देश की प्रगति और लोकभाषा में सम्प्रेषण समता के बीच सीधा सम्बन्ध है।

भारत सरकार के सूचना प्रौद्योगिकी मन्त्रालय के नीति–निर्धारण में हिन्दी भाषा को समुचित स्थान प्राप्त होना चाहिए। भारत सरकार के कई मन्त्रालयों एवं विभागों की साइट पर डायनैमिक हिन्दी फॉण्टस् के अभाव स्वरूप साइट पढ़ने में दिक्कतें आ जाती हैं। हर बार अलग–अलग फॉण्ट डाउनलोड करना और उसे पढ़ना असुविधाजनक महसूस होता है। सभी सरकारी वेबसाइट द्विभाषी (हिन्दी–अंग्रेजी) होनी चाहिए लेकिन इस दिशा में बहुत कम प्रयास किये जा रहे हैं। अंग्रेजी वेबसाइट की तुलना में सम्बन्धित हिन्दी वेबसाइट बहुत संक्षिप्त एवं अनाकर्षक होती है। राजभाषा नियम के अनुसार सभी बैबसाइट हिन्दी में तैयार करना अनिवार्य है।

इण्टरनेट सेवा के अन्तर्गत ई–मेल, चैटिंग, वाइस मेल, ई–ग्रीटिंग आदि बहुपयोगी क्षेत्र में हिन्दी भाषा का विकास एवं सम्प्रेषण की सम्भावनाएँ अधिक हैं। स्पीच रिकग्नीशन (Speech Recognition) एक ध्वनि आधारित कम्प्यूटर सॉफ्टवेयर है। वर्तमान स्थिति में यह पैकेज अंग्रेजी भाषा में उपलब्ध है। सी–डैक यह सुविधा हिन्दी में उपलब्ध करवाने हेतु अनुसन्धान कर रही है। स्पीच रिकग्नीशन के सहारे अनपढ़ व्यक्ति भी कम्प्यूटर के सामने बैठकर अपने विचार, शिकायत, सुझाव आदि बोलकर अपनी भाषा में सम्बन्धित कम्प्यूटर पर लिपिबद्ध कर सकता है। कम्प्यूटर पर हिन्दी भाषा ध्वनि, चित्र, एनीमिशन के सहारे विकसित की जा रही है।

विश्वजाल पर हिन्दी और भारतीय भाषाओं का प्रसार

सूचना प्रौद्योगिकी के बदलते परिवेश में हिन्दी भाषा ने अपना स्थान धीरे–धीरे प्राप्त कर लिया है। आज हमारी मानसिकता में बदलाव लाने की जरूरत है। आधुनिकीकरण के दौर में भाषा भी अपना स्थान ग्रहण कर लेती है। हिन्दी की उपादेयता पर कोई भी प्रश्नचिह्न नहीं लगा सकता। लेकिन संकुचित स्वार्थ के कारण भारतीय भाषाओं को नकारना हमारी मानसिक गुलामी की निशानी है।

आज भले ही चीन, जापान, रूस, जर्मनी, अरब आदि अंग्रेजीतर देशों ने अपनी भाषा में विकास किया हो, लेकिन भारत में अगर राजभाषा, सम्पर्क भाषा, लोकभाषा को हम विकसित नहीं कर पाये तो यह हमारी हार होगी। जिस देश के नवयुवकों ने कम्प्यूटर सॉफ्टवेयर प्रणाली को विकसित किया है, उसी देश की जनता को विदेश की ओर मुँह ताकना पड़ता है। इस स्थिति में बदलाव लाने की जरूरत है। भाषा का सम्बन्ध जिस तरह मन और बुद्धि से होता है, उसी तरह उसका सम्बन्ध हर व्यक्ति की रोजी–रोटी तथा पारिवारिक विकास से भी जुड़ा होता है। इसलिए सूचना प्रौद्योगिकी के नये तन्त्र को समझ लेना चाहिए। विश्वस्तर के कई सॉफ्टवेयरों में अभी तक हिन्दी का समावेश नहीं किया गया है।

निम्नलिखित इण्टरनेट साइट पर हिन्दी सहित प्रमुख भारतीय भाषाओं के लिए उपयुक्त सम्पर्क–सूत्र, ई–मेल, सॉफ्टवेयर आदि जानकारी उपलब्ध हैं–

1. www.rajbhasha.nic.in—राजभाषा विभाग, गृह मन्त्रालय, भारत सरकार की इस साइट पर राजभाषा हिन्दी सम्बन्धित नियम, अधिनियम, वार्षिक कार्यक्रम, तिमाही, अर्धवार्षिक, वार्षिक विवरण, हिन्दी सीखने के लिए लीला–प्रबोध, प्रवीण, प्राज्ञ पैकेज आदि महत्त्वपूर्ण जानकारियाँ उपलब्ध हैं। इस साइट पर उपलब्ध जानकारी सभी सरकारी कार्यालयों, उपक्रमों, उद्यमों के लिए उपयुक्त है।

2. www.rajabhasha.com—इस साइट पर राजभाषा हिन्दी सम्बन्धित नियम, साहित्य, व्याकरण, शब्दकोश, पत्रकारिता, तकनीकी सेवा, हिन्दी संसार, पूजा–अर्चना, हिन्दी सीखें आदि सम्पर्क–सूत्र उपलब्ध हैं।

3. www.indianlanguages.com—इस साइट पर हिन्दी सहित सभी प्रमुख भारतीय भाषाओं के लिए साहित्य, समाचार–पत्र, ई–मेल, सर्च–इंजन आदि महत्त्वपूर्ण जानकारियाँ उपलब्ध हैं।

4. www.tdil.mit.gov.in—सूचना प्रौद्योगिकी मन्त्रालय, भारत सरकार ने भारतीय भाषाओं के लिए प्रौद्योगिकी विकास (Technology Development for Indian Languages) नामक इस साइट पर राजभाषा हिन्दी विकास सम्बन्धित तकनीकी जानकारी, सॉफ्टवेयर अनुसन्धानरत संघटनों की जानकारी, भारत सरकार की योजना–भाषा–2010 आदि उपलब्ध हैं। इस साइट की इलेक्ट्रॉनिक पत्रिका 'विश्व भारत' अत्यन्त उपयोगी है। इस साइट पर ऑनलाइन अनुवाद सेवा "आंग्ल भारती" है जो आई.आई.टी. कानपुर ने प्रदान की है। इस साइट पर भारतीय भाषाओं के लिए उपयुक्त तकनीकी जानकारी उपलब्ध है।

5. www.cdacindia.com—सूचना प्रौद्योगिकी मन्त्रालय, भारत सरकार ने भारतीय भाषाओं के लिए इस साइट पर सॉफ्टवेयर, तकनीकी विकास सम्बन्धित महत्त्वपूर्ण जानकारी प्रदान की है। हिन्दी, मराठी, संस्कृत और कोंकणी भाषाओं के लिए विशेष अभियान चलाया जा रहा है।

6. www.dictionary.com—इस साइट पर विश्व की प्रमुख भाषाओं के शब्दकोश, अनुवाद, समानार्थी शब्दकोश, वेब डायरेक्टरी, वायरलेस मोबाइल शब्दकोश तथा व्याकरण सम्बन्धी महत्त्वपूर्ण जानकारी उपलब्ध है।

7. भारतीय वेब सर्च–इंजन–

www. searchindia.com
www.jadoo.com
www. khoj.com
www.iloveindia.com
www. 123india.com
www.samilan.com
www.samachar.com
www.search.asiaco.com
www.rekha.com
www.sholay.com
www.locateindia.com
www.mapsofindia.com
www.webdunia.com
www.netjal.com
www.indiatimes.com

8. www.rosettastone.co—इस साइट पर हिन्दी सहित विश्व की सभी भाषाओं को सीखने के लिए इलेक्ट्रॉनिक सुविधाएँ उपलब्ध हैं। विश्व

की 80 भाषाओं का व्यावहारिक ज्ञान प्राप्त करने हेतु पर्यटकों के लिए Gold Partner V6 उपलब्ध है।

9. www.wordanywhere.com—इस साइट पर किसी भी अंग्रेजी शब्द का हिन्दी समानार्थी शब्द तथा किसी हिन्दी शब्द का अंग्रेजी समानार्थी शब्द प्राप्त किया जा सकता है।

10. हिन्दी में ई–मेल की सुविधाएँ–

www.epatr.com
www.mailjol.com
www.langoo.com
www.cdacindia.com
www.bharatmail.com
www.rediffmail.com
www.webdunia.com
www.danikjagran.com
www.rajbhasha.nic.in

11. www.bharatdarshan.co.nz—न्यूजीलैण्ड में बसे भारतीय मूल के लोगों ने इस साइट पर हिन्दी साहित्य, कविताएँ, लघुकथाएँ, व्याकरण आदि सामग्री प्रस्तुत की है।

12. www.boloji.org—पारिवारिक रंगारंग पत्रिका, जिसमें हिन्दी साहित्य, कला, संस्कृति आदि सम्बन्धी संकलन उपलब्ध है।

13. www.unl.ias.unu.edu—टोकियो विश्वविद्यालय द्वारा विकसित इस साइट पर हिन्दी सहित विश्व की 15 भाषाओं के विकास के लिए अनुसन्धान कार्य जारी है। इस योजना का नाम Universal Net Working Languages रखा है, जिसमें सभी शब्दकोशों तथा अनुवाद कार्य के सहारे विश्व शान्ति एवं एकता स्थापित करने का प्रयास किया जा रहा है। विश्व की प्रमुख 15 भाषाओं में हिन्दी को कम्प्यूटर में विकसित किया जा रहा है।

14. www.hindinet.com—इस साइट पर हिन्दी भाषा सम्बन्धित महत्त्वपूर्ण जानकारी, सम्पर्क–सूत्र उपलब्ध हैं। हिन्दी पाठकों, भाषा–शास्त्री तथा छात्रों के लिए अत्यन्त उपयुक्त साइट।

15. www.microsoft.com/india/hindi2000—विश्व प्रसिद्ध माइक्रोसॉफ्ट कम्पनी ने हिन्दी भाषा के लिए **एम.एस. ऑफिस–2000** पैकेज विकसित किया है। माइक्रोसॉफ्ट के अन्य उत्पादों में हिन्दी को शामिल किया गया है।

16. www.cstt.nic.in—वैज्ञानिक तथा तकनीकी शब्दावली आयोग, भारत सरकार द्वारा विकसित इस साइट पर प्रशासनिक शब्दकोश सहित अनेक विषयों के तकनीकी शब्दकोश प्रस्तुत किये गये हैं। हिन्दी, अंग्रेजी के लिए उपलब्ध शब्दकोश कार्यालयों के लिए काफी उपयोगी है।

17. www.ciil.org—केन्द्रीय भारतीय भाषा संस्थान, भारत सरकार ने सभी भारतीय भाषाओं के विकास के लिए इस साइट का निर्माण किया है। सभी भारतीय भाषाओं में पारस्पारिक आदान–प्रदान के लिए यह संस्थान विशेष कार्य कर रहा है।

18. www.gadnet.com—इस साइट पर हिन्दी भाषा का इतिहास, हिन्दी की कविताएँ, गीत आदि साहित्य उपलब्ध है।

19. www.nidatrans.com—इस साइट पर हिन्दी, अंग्रेजी, तमिल, तेलुगु भाषाओं के लिए अनुवाद, डीटीपी आदि सेवा उपलब्ध है।

20. www.shamema.com—इस साइट पर हिन्दी, अंग्रेजी, उर्दू, पख्तो, पश्तो भाषाओं के लिए समानार्थी शब्द प्राप्त किया जा सकते हैं।

21. www.hindibhasha.com—इस साइट पर हिन्दी भाषा के लिए उपयुक्त जानकारी उपलब्ध है।

हिन्दी कम्प्यूटिंग का इतिहास

हिन्दी कम्प्यूटिंग की शुरुआत सन 1983 के आसपास शुरू हुई। सबसे पहले हिन्दी टाइप वर्डस्टार (वर्जन III प्लस) जैसे शब्द संसाधक 'अक्षर' में आया। फिर विंडोज़ आया और पेजमेकर व वेंचुरा का समय आया। इस सारी यात्रा में कम्प्यूटर केवल प्रिटिंग की दुनिया की सहायता भर कर रहा था। यूनिकोड के आगमन एवं प्रसार के पश्चात हिन्दी कम्प्यूटिंग प्रिण्टिंग तक सीमित न रहकर संगणन के विभिन्न पहलुओं तक पहुँच गयी। अब भाषायी संगणन के सभी क्षेत्रों में हिन्दी अपनी पहुँच बना रही है। हिन्दी कम्प्यूटिंग को वर्तमान स्थिति तक पहुँचाने में सरकार, अनेक संस्थाओं, समूहों एवं प्रोग्रामरों–डैवलपरों का योगदान रहा है।

हिन्दी कम्प्यूटिंग के प्रमुख पड़ाव

- **1983** : डॉस आधारित हिन्दी शब्द संसाधक 'अक्षर', 'शब्दरत्न' इत्यादि का पदार्पण।
- **1983** : सी–डैक द्वारा 'जिस्ट' (GIST—Graphics and Intelligence based Script Technology) का विकास।

  भारतीय लिपियों के लिए 'इस्की' मानक जारी।
- **1986** : भारतीय भाषाओं के लिए 'इनस्क्रिप्ट कुंजीपटल' मानक स्वीकृत।
- **एएलपी (एपैक्स लैंग्वेज प्रोसैसर)** : भारत सरकार के संस्थान सी–डैक का डॉस–आधारित स्वतन्त्र बहुभाषी हिन्दी शब्द संसाधक; लगभग उतना ही शक्तिशाली और सुविधासम्पन्न जितना कि उस समय 'वर्डस्टार' नामक अंग्रेजी सॉफ्टवेयर था।
- **1991 'यूनिकोड' का आविर्भाव** : अक्टूबर 1991 में यूनिकोड का पहला संस्करण 1.0.0 जारी, जिसमें नौ भारतीय लिपियाँ देवनागरी, बंगाली, गुजराती, गुरुमुखी, तमिल, तेलुगू, कन्नड़, मलयालम तथा ओड़िया शामिल की गयी।

- विंडोज़ 1.0 (1985) तथा माइक्रोसॉफ्ट ऑफिस के पहले संस्करण (1990) के बाद 1993 में माइक्रोसॉफ्ट ऑफिस प्रोफेशनल के आने के बाद 8–बिट हिन्दी फॉण्टों से विंडोज़ में हिन्दी में वर्ड प्रोसैसिंग सम्भव।
- **आइएसएम ऑफिस** : इसकी मदद से मौजूदा सॉफ्टवेयर पैकेज में भारतीय भाषा में काम किया जा सकता है।
- **लीप ऑफिस 2000** : सम्पूर्ण भारतीय भाषी सॉफ्टवेयर।
- **1995 के आसपास इण्टरनेट पर हिन्दी का पदार्पण** : रोमन व इमेज फाइलों के रूप में तथा बाद में डायनैमिक फॉण्टों के जरिये।
- 'सी–डैक लीप ऑफिस', 'श्रीलिपि' तथा 'अक्षर फॉर विंडोज़' आदि वर्डप्रोसैसर्स का आगमन।
- **14 सितम्बर, 1996** : हिन्दी दिवस के अवसर पर तत्कालीन रक्षामन्त्री मुलायम सिंह यादव ने पीसी–डॉस के हिन्दी संस्करण का विमोचन किया जिसमें एक हिन्दी प्रोग्रामिंग भाषा भी शामिल थी।
- **2000** : हिन्दी समाचार–पत्र इण्टरनेट की ओर, यूनिकोड हिन्दी का पदार्पण। इण्टरनेटी हिन्दी में क्रान्ति की शुरुआत। सी–डैक के हिन्दी ऑपरेटिंग सिस्टम 'इंडिक्स' की शुरुआत।
- 'विंडोज़ 2000' और 'माइक्रोसॉफ्ट ऑफिस' के दक्षिण एशियाई संस्करण में हिन्दी समर्थन प्रदान किया गया।
- **2000** : बालेन्दु शर्मा दाधीच द्वारा विकसित हिन्दी शब्द संसाधक 'माध्यम' निःशुल्क वितरण एवं प्रयोग के लिए जारी।
- **29 अप्रैल, 2002** : सी–डैक द्वारा हिन्दी ओसीआर सॉफ्टवेयर 'चित्रांकन' का विमोचन किया गया।
- **2002** : लिनक्स ऑपरेटिंग सिस्टम और अन्य प्रोग्रामों के हिन्दीकरण की शुरुआत।
- **जुलाई, 2003** : 'हिन्दी विकिपीडिया' आरम्भ।
- **2003** : हिन्दी (भारतीय बहुभाषायी) लिनक्स ऑपरेटिंग सिस्टम 'मिलन' जारी। हिन्दी वर्तनी जाँच सुविधायुक्त माइक्रोसॉफ्ट का ऑफिस सुइट हिन्दी में जारी। इसी वर्ष ओपनऑफिस का हिन्दी इण्टरफेस युक्त संस्करण 1.1 भी जारी।
- **2003** : 'श्रीलिपि', 'अक्षर नवीन' के यूनिकोड संस्करण जारी।

अकाउंटिंग सॉफ्टवेयर 'टैली' में हिन्दी समर्थन। हिन्दी के शब्दकोश, प्रोग्रामिंग औजार उपलब्ध।

- **2003** : इण्टरनेट/डैस्कटॉप सर्च हिन्दी में उपलब्ध। हिन्दी ब्लॉगों का पदार्पण, जीमेल के जरिये हिन्दी में ईमेल की सुविधा।
- **2004** : 'रैड हैट' ने पाँच भारतीय भाषाओं हेतु मुक्त स्रोत 'लोहित' फॉण्ट जारी किये जिनका आगे जाकर अनेक लिनक्स वितरणों में प्रयोग हुआ।
- **2005** : माइक्रोसॉफ्ट एक्सपी ऑपरेटिंग सिस्टम का खास हिन्दी का स्टार्टर संस्करण जारी। तमाम लिनक्स वितरणों रैड हैट, उबुंटू के हिन्दी संस्करण जारी।
- **2006** : माइक्रोसॉफ्ट, एमएसएन और याहू हिन्दी में जारी।
- **जनवरी 2007** : विंडोज़ विस्ता जारी, पहला विंडोज़ संस्करण जिसमें हिन्दी समर्थन अन्तर्निमित था। बाइ डिफॉल्ट समर्थन लागू रहता था, अलग से कोई सैटिंग नहीं करनी पड़ती, बस टाइपिंग हेतु कीबोर्ड जोड़ना पड़ता था।
- **मार्च 2007** : गूगल समाचार सेवा हिन्दी में शुरू।
- **मार्च 2007** : गूगल की ब्लॉगिंग सेवा ब्लॉगर में हिन्दी ट्राँसलिट्रेशन टूल जारी। उस समय यह काफी लोकप्रिय हुआ तथा इसके माध्यम से कई लोगों ने हिन्दी में ब्लॉग लिखने शुरु किये।
- **मार्च 2007** : गूगल डॉक्स में हिन्दी वर्तनी जाँच (स्पैल चैकिंग) उपलब्ध
- **मार्च 2007** : माइक्रोसॉफ्ट ऑफिस 2007 का हिन्दी संस्करण जारी।
- **जुलाई 2007** : हिन्दी का श्रुतलेखन सॉफ्टवेयर (स्पीच टू टेक्स्ट) सी–डैक द्वारा विमोचित।
- **अगस्त 2007** : गूगल ने भारतीय भाषाओं सम्बन्धी विकास कार्यों को गति देने के लिए गूगल इण्डिया लैब्स नामक प्लेटफॉर्म शुरू किया।
- **अगस्त 2007** : गूगल ट्राँसलिट्रेशन, गूगल डिक्शनरी आधारित ऑनलाइन फोनेटिक टाइपिंग औजार जारी। पहली बार जारी होने पर इसका नाम Google Indic Transliteration था, कालान्तर में इसमें विश्व की कई और भाषायें शामिल करके इसका नाम Google Transliteration किया गया। अब इसका नाम Google Input Tools Online है।

- **अक्टूबर 2007** : गूगल ट्राँसलिट्रेशन तकनीक से गूगल सर्च में रोमन शब्द टाइप करने पर हिन्दी में सजैशन। गूगल की सोशल नेटवर्किंग सेवा ऑर्कुट में भी हिन्दी ट्राँसलिट्रेशन टूल शामिल।
- **2007** : इण्टरनेट पर चीनी और अंग्रेजी भाषा के बाद हिन्दी सर्वाधिक लोकप्रिय तथा प्रयोग की जाने वाली भाषा।
- **मई 2008** : 'गूगल ट्राँसलेट' में हिन्दी से/को अन्य प्रमुख विदेशी भाषाओं में अनुवाद की सुविधा।
- **जून 2008** : मोजिला फायरफॉक्स 3.0 जारी हुआ जिसमें पूर्ण हिन्दी प्रदर्शन समर्थन उपलब्ध हुआ। इससे पहले Moz Text Align Fix नामक ग्रीजमंकी यूजर स्क्रिप्ट के जरिये फायरफॉक्स में हिन्दी सही रूप में प्रदर्शित हो पाती थी।
- **मई 2009** : गूगल ने हिन्दी, कन्नड़, मलयालम, तमिल, तेलुगू के लिए ट्राँसलिट्रेशन बुकमार्कलेट जारी किये।
- **17 जून, 2009** : आइओएस (तत्कालीन नाम आइफोन ओएस) संस्करण 3 में आंशिक हिन्दी प्रदर्शन समर्थन आया।
- **31 अगस्त, 2009** : हिन्दी विकिपीडिया पर 40 हजार लेख पूरे हुए।
- **30 अक्टूबर, 2009** : आइकैन (ICANN) ने सियोल में देवनागरी सहित चीनी, कोरियाई एवं हिब्रू लिपियों को यूआरएल में प्रयोग करने की अनुमति दे दी।
- **नवम्बर 2009** : भारतीय लिपियों के मध्य लिप्यन्तरण (ट्राँसलिट्रेशन) की सुविधा हेतु गूगल स्क्रिप्ट कन्वर्टर लैब प्रोजैक्ट के तौर पर शुरु किया गया। इसका पूर्ण शुरुआत अप्रैल 2010 में हुई।
- **नवम्बर 2009** : माइक्रोसॉफ्ट ने हिन्दी के लिए ट्राँस्लिट्रेशन आधारित Indic Input Tool जारी किया जो कि गूगल के टूल की तरह डिक्शनरी आधारित था। यह वेब सेवा तथा डैस्कटॉप सॉफ्टवेयर दोनों संस्करणों में उपलब्ध हुआ। पहला पब्लिक डेमो 25 नवम्बर को दिया गया।
- **दिसम्बर 2009** : गूगल ने अपनी हिन्दी ट्राँस्लिट्रेशन (इनपुट) सेवा का डैस्कटॉप संस्करण Google IME नाम से जारी किया। कालान्तर में इसका नाम बदलकर Google Hindi Input आदि से होता हुआ अब Google Input Tools है। यह टूल टंकण की सरलता

तथा उन्नत डिक्शनरी आधारित ट्राँस्लिट्रेशन के कारण इण्टरनेट पर हिन्दी प्रयोक्ताओं में विशेष लोकप्रिय हुआ।

- **अप्रैल 2010** : 29 अप्रैल को गूगल स्क्रिप्ट कन्वर्टर की आधिकारिक घोषणा हुई। इससे पहले इस पर लैब प्रोजैक्ट के तौर पर विकास कार्य चल रहा था। इसने भारतीय लिपियों के मध्य लिप्यन्तरण (ट्राँस्लिट्रेशन) की सुविधा उपलब्ध करवायी। जुलाई 2011 में गूगल ने यह सेवा बन्द कर दी।
- **3 मई 2010** : टचस्क्रीन डिवाइसों पर हिन्दी टंकण हेतु 'टचनागरी' नामक ऑनलाइन हिन्दी कीबोर्ड जारी।
- **21 जून 2010** : आइओएस 4 में पूर्ण हिन्दी प्रदर्शन समर्थन आया।
- **अक्टूबर 2010** : भारतीय रुपया चिह्न यूनिकोड 6.0 में शामिल किया गया।
- 2010 की तीसरी तिमाही में ब्लैकबेरी ओएस संस्करण 6 में हिन्दी प्रदर्शन समर्थन एवं हिन्दी वर्चुअल कीबोर्ड आया।
- **2011** : गूगल बुक्स हिन्दी में उपलब्ध। अरविन्द कुमार का हिन्दी–अंग्रेज़ी–हिन्दी समान्तर कोश अरविन्द–लैक्सिकन ऑनलाइन जारी।
- **अप्रैल 2011** : वैज्ञानिक तथा तकनीकी शब्दावली आयोग ने हिन्दी शब्दावलियाँ ऑनलाइन कीं।
- **6 जून 2011** : आइओएस 5 में हिन्दी कीबोर्ड आया।
- **11 जून 2011** : इन्स्क्रिप्ट कीबोर्ड लेआउट द्वारा चाणक्य, कृतिदेव जैसे नॉन–यूनिकोड फॉण्टों में टाइप करने हेतु पहला इनपुट मैथड एडीटर ई–पण्डित आइएमई जारी।
- **जून 2011** : गूगल ट्राँसलेट में पाँच भारतीय भाषाओं बंगाली, गुजराती, कन्नड़, तमिल तथा तेलुगू शामिल।
- **30 अगस्त, 2011** : हिन्दी विकिपीडिया पर एक लाख लेख से ऊपर हुए।
- **14 सितम्बर, 2011** : ट्विटर हिन्दी दिवस के दिन हिन्दी में जारी।
- **अक्टूबर 2011** : एण्ड्रॉइड 4.0 (आइसक्रीम सैंडविच) में काफी हद तक हिन्दी, तमिल तथा बंगाली समर्थन आया। 'लोहित देवनागरी' हिन्दी फॉण्ट शामिल किया गया। स्टॉक एण्ड्रॉइड ब्राउजर में हिन्दी, तमिल एवं बंगाली का पूर्ण समर्थन।

- **अक्टूबर 2011** : सर्वाधिक शुद्ध मुक्त स्रोत ओसीआर 'इंजर टैसरैक्ट' में हिन्दी भाषा (ओसीआर) शामिल।
- **मार्च 2012** : कोरल ड्रॉ X6 जारी हुआ जिसमें काफी हद तक हिन्दी समर्थन आ गया। मंगल फॉण्ट में टैक्स्ट ठीक प्रदर्शित होता था, हालाँकि बहुत से हिन्दी फॉण्ट प्रदर्शित नहीं होते थे।
- **मई 2012** : अडॉबी CS6 (क्रियेटिव सुइट) जारी हुआ जिसमें हिन्दी समर्थन उपलब्ध हुआ जिससे फोटोशॉप, इलस्ट्रेटर, इनडिजाइन आदि में यूनिकोड हिन्दी फॉण्टों में कार्य करना सम्भव हो गया।
- **मई 2012** : गार्मिन ने हिन्दी भाषा सक्षम नेवीगेशन डिवाइस जारी किये।
- **मई 2012** : फायरफॉक्स का मोबाइल ब्राउजर हिन्दी में जारी।
- **जून 2012** : गूगल ने एण्ड्रॉइड के संस्करण 4.1 (जैली बीन) में हिन्दी, कन्नड़, तेलुगू तथा मलयालम कीबोर्ड शामिल किया।
- **अक्तूबर 2012** : विण्डोज फोन संस्करण 8 जारी हुआ जिसमें हिन्दी कीबोर्ड सहित पूर्ण हिन्दी समर्थन आया। हालाँकि शुरुआत में ट्राँसलिट्रेशन और अकारादि क्रम का ही कीबोर्ड उपलब्ध था, मानक इन्स्क्रिप्ट लेआउट नहीं।
- **दिसम्बर 2012** : एण्ड्रॉइड के सर्वाधिक लोकप्रिय कीबोर्ड ऐप्लिकेशन SwiftKey में हिन्दी शामिल।
- **फरवरी 2013** : गूगल ने एण्ड्रॉइड के लिए Google Hindi Input नामक ट्राँसलिट्रेशन आधारित हिन्दी कीबोर्ड ऐप जारी की। अकारादि क्रम का कीबोर्ड एवं ट्राँसलिट्रेशन सुविधा शामिल। इस ऐप का नाम 2016 में बदलकर Google Indic Keyboard कर दिया गया।
- **मार्च 2013** : गूगल ने फीचर फोनों में जीमेल में हिन्दी तथा अन्य भारतीय भाषायें उपलब्ध करवायीं।
- **मार्च 2013** : लोकप्रिय एण्ड्रॉइड कीबोर्ड ऐप्लिकेशन स्वाइप (Swype) में पूर्ण हिन्दी समर्थन आया।
- **जुलाई 2013** : एण्ड्रॉइड 4.3 (जैली बीन) में हिन्दी भाषा के लिए सिस्टम वाइड सपोर्ट आया।
- **अक्तूबर 2013** : जीमेल तथा गूगल ड्राइव में हिन्दी हैण्डराइटिंग सपोर्ट आया।

- **जनवरी 2014** : विण्डोज फोन पर व्हॉट्सऐप में हिन्दी समर्थन उपलब्ध हुआ।
- **मार्च 2014** : कोरल ड्रॉ X7 जारी हुआ जिसमें पूर्ण हिन्दी समर्थन उपलब्ध हुआ।
- **जून 2014** : गूगल की एण्ड्रॉइड ऐप गूगल ट्राँसलेट संस्करण 3.0.6 में हिन्दी वॉयस रिकॉग्नीशन सुविधा आयी।
- **जुलाई 2014** : गूगल मैप्स हिन्दी में देखने की सुविधा आरम्भ हुई।
- **अगस्त–सितम्बर 2014** : बोलकर हिन्दी टाइप करने की सुविधा।
- **सितम्बर 2014** : एप्पल के आइओएस 8 में सिस्टमवाइड हिन्दी इण्टरफेस आया। इससे पहले केवल तिथि तथा समय आदि का प्रारूप देवनागरी में रखे जा सकते थे।
- **नवम्बर 2014** : गूगल ने iOS की Google Maps ऐप में हिन्दी में वॉयस–सर्च सुविधा प्रदान की।
- **नवम्बर 2014** : गूगल द्वारा हिन्दी वॉयस–सर्च (बोलकर खोजने की सुविधा) आरम्भ।
- **नवम्बर 2014** : गूगल की Hindi Input एप में Hinglish, वॉयस इनपुट तथा हैण्डराइटिंग इनपुट सुविधा शामिल।
- **नवम्बर 2014** : गूगल द्वारा इण्डियन लैंग्वेज इण्टरनेट अलायंस (ILIA) लॉन्च।
- **दिसम्बर 2014** : स्पाइस ने पहला देशी (हिन्दी) स्मार्टफोन लॉन्च किया। 'ड्रीम उनो एच' (Dream Uno H Android One Hindi smartphone)
- **दिसम्बर 2014** : गूगल द्वारा हिन्दी विज्ञापन शुरू।
- **अप्रैल 2015** : गूगल ने Google Handwriting Input नामक एप्लिकेशन जारी की जिसके द्वारा स्क्रीन पर हैण्डराइटिंग द्वारा हिन्दी में टंकण सुविधा मिली।
- **मई 2015** : गूगल डॉक्स की ओसीआर सुविधा में हिन्दी भाषा शामिल।
- **सितम्बर 2015** : गूगल डॉक्स की वेबसाइट पर वॉयस इनपुट सुविधा जारी जिसमें हिन्दी भी शामिल। फिलहाल यह सुविधा केवल क्रोम ब्राउजर में।

- **अक्तूबर 2015** : प्रसिद्ध पिटीशन वेबसाइट change.org हिन्दी में जारी।
- **दिसम्बर 2015** : सरकार ने भारत में बिकने वाले सभी स्मार्टफोनों में भारतीय भाषा सपोर्ट को अनिवार्य करने की योजना बनायी।
- **अप्रैल 2016** : फेसबुक ने अपनी एण्ड्रॉइड ऐप्लिकेशन में ट्राँसलिट्रेशन आधारित हिन्दी टंकण सुविधा प्रदान की।
- **जुलाई 2016** : लोकप्रिय एण्ड्रॉइड कीबोर्ड ऐप्लिकेशन स्विफ्टकी के संस्करण 5.3 में देवनागरी लिपि आधारित संस्कृत, कोंकणी सहित अन्य 9 भारतीय भाषायें शामिल।
- **नवम्बर 2016** : लोकप्रिय एण्ड्रॉइड कीबोर्ड एप्लिकेशन SwiftKey ने हिन्दी तथा गुजराती के लिए ट्राँसलिट्रेशन सुविधा जारी की।
- **दिसम्बर 2016** : अमेजॉन ने अपने ई–बुक्स प्लेटफॉर्म किंडल के जरिये हजारों हिन्दी एवं अन्य भारतीय भाषायी पुस्तकें उपलब्ध करवायीं। अमेजॉन ने भारत के लिए स्थानीय किंडल स्टोर 2012 में उपलब्ध कर दिया था पर तब उसमें केवल अंग्रेजी पुस्तकें थी। हालाँकि कुछ हिन्दी पुस्तकें किंडल पर विदेशी भाषा अनुभाग में 2015 से उपलब्ध थीं पर अब आधिकारिक रूप से हिन्दी भाषा का अनुभाग बना दिया गया।
- **मई 2017** : मुक्त स्रोत डैस्कटॉप पब्लिशिंग सॉफ्टवेयर स्क्राइबस में हिन्दी (देवनागरी) समर्थन आया।

हिन्दी कम्प्यूटिंग के आरम्भिक उन्नायक

- विनय छजलानी ने 1993 में 'सुवि इन्फोर्मेशन सिस्टम' नामक कम्पनी की स्थापना की जो कि बाद में 'वेबदुनिया' नाम से प्रसिद्ध हुई। इस कम्पनी के काम की प्रशंसा माइक्रोसॉफ्ट ने भी की और इनके साथ सहयोग करने की पेशकश की।
- हेमन्त कुमार ने 'तख्ती' नामक लोकप्रिय और आसान फोनेटिक यूनिकोड देवनागरी लेखन औजार बनाया जो विंडोज़ 98 के जमाने में आइएमई जैसे औजारों के प्रचलन से पूर्व काफी प्रयोग किया गया।
- वासु श्रीनिवास ने जनवरी 1998 में 'बरह' नामक सॉफ्टवेयर बनाया जिसकी मदद से हिन्दी सहित कई भारतीय भाषाओं में फोनेटिक विधि से टाइप किया जा सकता है। बाद में इसी का एक संस्करण

'बरह आइएमई' नाम से आया जो कि 'गूगल आइएमई' के आने से पहले सबसे लोकप्रिय फोनेटिक टाइपिंग टूल था।

- बालेन्दु शर्मा दाधीच ने 1999 में 'माध्यम' नामक इनस्क्रिप्ट हिन्दी वर्ड प्रोसेसर का विकास कर उसे 2000 में निःशुल्क वितरण और प्रयोग के लिए इण्टरनेट पर उपलब्ध कराया।
- देवेन्द्र पारिख ने 'हिन्दीराइटर' नाम का अनुप्रयोग बनाया जो हिन्दी यूनिकोड में टाइप करने के साथ–साथ हिन्दी वर्तनी जाँच तथा ऑटोकम्प्लीशन सुविधा भी प्रदान करता है। संस्करण 1.4 के बाद विकास बन्द होने से इसका प्रयोग बाद में घट गया।
- प्रो. रघुनाथ कृष्ण जोशी ने विंडोज़ के डिफॉल्ट हिन्दी फॉण्ट 'मंगल' तथा 'रघु' नामक यूनिकोड फॉण्ट बनाये। इसके अतिरिक्त उन्होंने सभी भारतीय लिपियों का अध्ययन करके उन्होंने देशनागरी नामक लिपि विकसित की।
- माइक्रोसॉफ्ट ने वेबदुनिया के साथ मिलकर 'इण्डिक आइएमई' नामक भारतीय भाषाई 'आइएमई' बनाया जिसकी सहायता से विभिन्न कीबोर्ड लेआउट में भारतीय भाषायें टाइप की जा सकती हैं। यह रेमिंगटन लेआउट द्वारा यूनिकोड हिन्दी टंकण हेतु पहला औजार था।
- अभिषेक चौधरी और डॉ. श्वेता चौधरी ने 'हिन्दवी' नामक एक सिस्टम बनाया जिसने हिन्दी का प्रयोग करते हुए बेसिक, लोगो, सी, सी++ और डॉस जैसी प्रोग्रामिंग भाषाओं में प्रोग्रामिंग किया जाना सम्भव बनाया।
- हिन्दी में यूनिकोड के प्रचार–प्रसार, शोध और जागरूकता के उद्देश्य से लोकलाइजेशनलैब्स.कॉम नामक परियोजना बालेन्दु शर्मा दाधीच के मार्गदर्शन में 2006 में शुरू हुई। हिन्दी में यूनिकोड विषयक मुद्दों पर गम्भीर विवेचना और उसकी तकनीकी गुत्थियों को आम लोगों की भाषा में अभिव्यक्त करने की यह पहली बड़ी निजी कोशिश थी।
- इण्डिक कम्प्यूटिंग के विशेषज्ञ हरिराम पंसारी ने हिन्दी कोर कम्प्यूटिंग को आसान बनाने के लिए महत्त्वपूर्ण योगदान किया। वे सी–डैक से भी सम्बन्धित रहे हैं।
- हिन्दी के प्रारम्भिक पोर्टलों में से एक प्रभासाक्षी.कॉम का बालेन्दु शर्मा दाधीच के सम्पादन में सन 2000 में विकास हुआ। वेबदुनिया

के अतिरिक्त यह एकमात्र हिन्दी पोर्टल था जो किसी समाचार–पत्र समूह से सम्बद्ध नहीं था और पूरी तरह ऑनलाइन माध्यमों पर समाचारों तथा हिन्दी सामग्री के प्रसारण के उद्देश्य से शुरू किया गया था।

- आलोक कुमार ने यूनिकोड देवनागरी सम्बन्धी समस्याओं के हल के लिए 'देवनागरी.नेट' नामक वेबसाइट बनायी। इन्होंने लिप्यन्तरण औजार 'गिरगिट' का बेहतर इण्टरफेस प्रस्तुत किया और लिनक्स गाइड के हिन्दी अनुवादों को आरम्भ किया।
- कुलप्रीत सिंह ने 'शून्य.इन' नामक हिन्दी तकनीकी समाचार वेबसाइट आरम्भ की। इसके अतिरिक्त ये 'चिट्ठाजगत.इन' की टीम में शामिल हैं।
- राघवन एवं सुरेखा ने 'इण्डिक आइएमई' नामक जावास्क्रिप्ट आधारित औजार बनाया। इससे दूसरे कई औजार बनाने में सहायता मिली।
- रमण कौल ने 'यूनिनागरी' नामक ऑनलाइन टाइपिंग औजार बनाया, जिसमें हिन्दी के इन्स्क्रिप्ट तथा रेमिंगटन कीबोर्ड उपलब्ध कराये।
- रवि रतलामी ने 'लिनक्स ऑपरेटिंग सिस्टम' के हिन्दीकरण में विशिष्ट योगदान दिया। इसके अतिरिक्त फायरफॉक्स के लिए हिन्दी वर्तनी जाँचने हेतु एक प्लग–इन शब्दकोश निर्माण में योगदान दिया। ये काफी पहले से हिन्दी इनपुट तथा अन्य औजारों सम्बन्धी लेख लिखते रहे हैं तथा विभिन्न स्थानीकरण परियोजनाओं से जुड़े हैं।
- श्रीश बेंजवाल शर्मा ने हिन्दी टाइपिंग एवं कम्प्यूटिंग सम्बन्धी अनेक लेख एवं ट्यूटोरियल अपने ब्लॉग, 'सर्वज्ञ विकि' तथा 'हिन्दी विकिपीडिया' पर लिखे। अक्षरग्राम नेटवर्क के सदस्य के रूप में सर्वज्ञ विकि पर प्रबन्धक रहे। इन्होंने 'ई–पण्डित' नामक हिन्दी का प्रथम तकनीकी ब्लॉग बनाया। हिन्दी चिट्ठाकारी के आरम्भिक दिनों में इन्होंने अनेक लोगों को यूनिकोड हिन्दी लेखन, ब्लॉग विधा तथा हिन्दी कम्प्यूटिंग सम्बन्धी कार्यों में प्रशिक्षित किया। इन्होंने मोबाइल फोन आदि टचस्क्रीन डिवाइसों में हिन्दी टंकण हेतु 'टचनागरी' नामक टूल बनाया। इन्होंने 'ई–पण्डित आइएमई' नामक टूल भी बनाया जो कि लिगेसी फॉण्टों में इन्स्क्रिप्ट कीबोर्ड लेआउट से टाइप करने के लिए पहला आइएमई था।
- पूर्णिमा वर्मन ने साहित्यिक वेब पत्रिकाओं 'अनुभूति' और 'अभिव्यक्ति'

का निर्माण एवं संचालन किया। इन्होंने हिन्दी विकिपीडिया के विकास में भी महत्त्वपूर्ण भूमिका निभायी।

- आलोक कुमार हिन्दी के पहले चिट्ठाकार हैं। इन्होंने 9–2–11 (नौ–दो–ग्यारह) नामक हिन्दी का पहला ब्लॉग बनाया। 'ब्लॉग' के लिए 'चिट्ठा' शब्द इन्होंने ही प्रतिपादित किया।
- विनय जैन ने यूनिकोड हिन्दी में पहली ब्लॉग पोस्ट लिखी। इसके अलावा इन्होंने 'हाइट्राँस' नामक आइट्राँस से देवनागरी लिप्यन्तरण औजार बनाया।
- देबाशीष ने पहले हिन्दी ब्लॉग एग्रीगेटर 'चिट्ठा विश्व' का निर्माण किया। इसके अलावा इन्होंने 'पॉडभारती' (हिन्दी पॉडकास्ट सेवा) तथा निरन्तर/सामयिकी पत्रिका की शुरुआत की। इन्होंने 'चिट्ठाकार समूह' भी बनाया तथा 'इण्डीब्लॉगीज' पुरस्कारों की शुरुआत की।
- पंकज नरुला ने अक्षरग्राम नेटवर्क की स्थापना की जो हिन्दी चिट्ठाकारों एवं तकनीकिज्ञों का एक गैर–लाभकारी सामुदायिक स्वयंसेवक समूह था जो कि कम्प्यूटर एवं इण्टरनेट पर हिन्दी के प्रयोग को बढ़ावा देने हेतु कार्य करता था। इस समूह ने हिन्दी चिट्ठाकारी से सम्बन्धित विभिन्न सेवाएँ संचालित की। शुरुआती दिनों में इण्टरनेट पर हिन्दी के प्रचार–प्रसार में इस समूह ने महत्त्वपूर्ण भूमिका निभायी। इसकी विभिन्न सेवाओं नारद, सर्वज्ञ, परिचर्चा आदि ने नये चिट्ठाकारों को स्थापित होने में काफी सहायता की। अक्षरग्राम नेटवर्क का 'अक्षरग्राम चौपाल' हिन्दी का पहला सामूहिक–ब्लॉग था।
- पंकज नरूला ने 'नारद' नामक ब्लॉग एग्रीगेटर बनाया जो विभिन्न ब्लॉग्स पर आयी नवीनतम जानकारी को इकठ्ठा कर एक जगह उपलब्ध कराता था। बाद में इसका संवर्धन जीतेन्द्र चौधरी ने किया। पंकज बेंगाणी और संजय बेंगाणी ने इस ब्लॉग एग्रीगेटर के रूप–रंग को बेहतर बनाने में योगदान दिया।
- सर्वज्ञ नामक हिन्दी टाइपिंग, हिन्दी कम्प्यूटिंग तथा हिन्दी ब्लॉगिंग विकि अक्षरग्राम नेटवर्क द्वारा शुरू किया गया। आरम्भ में रमण कौल ने इसका संचालन किया, बाद में श्रीश बेंजवाल इसके प्रबन्धक बने।
- परिचर्चा फोरम 'अक्षरग्राम नेटवर्क' द्वारा आरम्भ की गयी और हिन्दी (देवनागरी) की पहली इण्टरनेट फोरम थी। इसके प्रशासक अमित गुप्ता थे।

- संजय बेंगाणी और पंकज बेंगाणी ने अक्षरग्राम नेटवर्क की विभिन्न वेबसाइटों में ग्राफिक्स सम्बन्धी कार्य किया तथा 'तरकश.कॉम' इनामक हिन्दी का पहला उन्नत वेब 2.0 शैली का पोर्टल बनाया।
- प्रतीक पाण्डे ने 'हिन्दीब्लॉग्स.कॉम' नामक हिन्दी ब्लॉग एग्रीगेटर बनाया। यह जावा में बना था।
- देबाशीष और रमण कौल जी ने 'हिन्दीब्लॉग्स.ऑर्ग' नामक हिन्दी की ब्लॉग डायरैक्ट्री बनायी। रवि रतलामी तथा श्रीश बेंजवाल ने इसके हिन्दीकरण में योगदान दिया।
- हर्षित वाणी व नागार्जुन वेन्ना ने 'पद्मा प्लगइन' और 'पद्मा यूनिकोड गेटवे' बनाया जो हिन्दी तथा अन्य भारतीय भाषाओं के पुराने फॉण्ट में बनी वेबसाइटों को ब्राउजर में ही यूनिकोडित रूप में दिखाता है।
- जी. करूणाकर ने लिनक्स का पहला यूनिकोडित भारतीय बहुभाषी लाइव संस्करण 'रंगोली' बनाया।
- मितुल पटेल ने हिन्दी विकिपीडिया के आरम्भिक दौर में इसे आगे बढ़ाने में महत्त्वपूर्ण भूमिका अदा की। इसमें पूर्णिमा वर्मन तथा अनुनाद सिंह की भी सक्रिय भूमिका रही।
- नारायण प्रसाद तथा अनुनाद सिंह ने तकनीकी हिन्दी समूह आरम्भ किया तथा ब्राउजर आधारित दर्जनों फॉण्ट परिवर्तक बनाये। समूह के सदस्य श्रीश बेंजवाल ने भी कन्वर्टर एवं अन्य औजार बनाये।
- आलोक कुमार तथा श्रीश बेंजवाल ने 'पेंचकस' नामक हिन्दी भाषी प्रोग्रामर्स तथा डेवलपर्स का समूह प्रारम्भ किया।
- जगदीप दांगी ने एक गैर–यूनिकोडित हिन्दी ब्राउजर, अनुवादक तथा फॉण्ट कन्वर्टर आदि हिन्दी के लिए औजारों का निर्माण किया।
- ई. स्वामी ने 'हग' (हिन्दी यूनिकोड जेनरेटर) नामक ऑनलाइन फोनेटिक हिन्दी टाइपिंग औजार बनाया। इसके कोड का उपयोग बाद में कई अन्य औजारों में किया गया।
- हिमांशु सिंह ने 'हिन्दी टूलकिट' नामक औजार बनाया जो कि बिना विंडोज़ की सीडी के 'विण्डोज़ 2000' तथा 'एक्सपी' में हिन्दी समर्थन सक्षम करता था। 'हग' की सहायता से हिमांशु सिंह ने 'हिन्दी–तूलिका' नामक औजार भी बनाया जो कि एक प्रॉक्सी सर्वर

के जरिये किसी भी वेबपेज पर हिन्दी लिखता था। बाद में श्रीश बेंजवाल ने हिन्दी टूलकिट के कॉन्सैप्ट से प्रेरित 'इण्डिक एक्सपी' नामक टूल बनाया जो कि 'विंडोज़ एक्सपी' में एक क्लिक द्वारा इण्डिक समर्थन इंस्टॉल करने की सुविधा देता है।

- रजनीश मंगला ने हिन्दी 'फॉण्ट कन्वर्टर' औजार बनाये।
- राजेश रंजन ने मोजिला फायरफॉक्स तथा ओपनऑफिस का हिन्दी अनुवाद किया।
- ललित कुमार ने 'विकि' आधारित हिन्दी 'कविताकोश' और 'गद्यकोश' का निर्माण किया। अनिल जनविजय, प्रतिष्ठा शर्मा, धर्मेन्द्र कुमार सिंह, द्विजेन्द्र 'द्विज', प्रकाश बादल तथा श्रद्धा जैन ने कविताकोश के विकास में महत्त्वपूर्ण योगदान दिया।
- मैथिली गुप्त ने कम्प्यूटर और इण्टरनेट पर हिन्दी के विकास के लिए कई महत्त्वपूर्ण काम किये :
    - इन्होंने 'कृतिदेव' नामक लोकप्रिय नॉन–यूनिकोड फॉण्ट बनाया।
    - इन्होंने 'हिन्दीपैड' बनाया जो रोमनाइज्ड तरीके से हिन्दी (नॉन–यूनिकोड, कृतिदेव फॉण्ट में) टाइप करने के लिए पहला औजार था।
    - 'ब्लॉगवाणी' नामक ब्लॉग एग्रीगेटर वेबसाइट बनाया।
    - इन्होंने 'कैफेहिन्दी टाइपिंग टूल' नामक औजार का निर्माण किया, जिसकी सहायता से लोग रोमनाइज्ड, 'सुशा' और 'कृतिदेव' शैली में यूनिकोडित हिन्दी टाइप कर सकते हैं
    - इन्होंने 'इण्डिनेटर' नामक फॉण्ट परिवर्तक का निर्माण किया।
    - इसके बाद इन्होंने 'इण्डिनेटर स्क्रिप्ट कन्वर्टर' नामक औजार बनाया जो हिन्दी लिपि को अन्य भारतीय भाषाओं की लिपियों में बदलता है।
- बालेन्दु शर्मा दाधीच की ओर से विकसित निःशुल्क मानक हिन्दी यूनिकोड इनस्क्रिप्ट टाइपिंग सॉफ्टवेयर 'स्पर्श' का अन्तरराष्ट्रीय हिन्दी सम्मेलन, 2001 के दौरान लन्दन में लोकार्पण हुआ।
- गोरा मोहन्ती ने लिनक्स तन्त्र में हिन्दी वर्तनी, छंटाई इत्यादि के लिए महत्त्वपूर्ण काम किये।

- आलोक कुमार तथा डॉ. विपुल जैन ने 'चिट्ठाजगत.इन' नामक बहुसुविधा युक्त ब्लॉग ऐग्रीगेटर बनाया। इसमें उन्होंने अन्य भारतीय लिपियों में हिन्दी सामग्री को ऑनलाइन पढ़ने की सुविधा भी प्रदान की।
- सचिन जोशी ने हिन्दी का मुफ्त व मुक्त वाक पहचान प्रोग्राम बनाया।
- जीतेन्द्र शाह ने इण्डिकट्राँस तथा जनभारती के जरिए हिन्दी/ मराठी के लिए बहुत से प्रोग्रामों, फॉण्टों तथा ऑनलाइन औजारों को उपलब्ध करवाया।

कम्प्यूटर में हिन्दी के विभिन्न प्रयोग

माइक्रोसॉफ्ट वर्ड

- डाउनलोड करने योग्य सॉफ्टवेयर
- माइक्रोसॉफ्ट वर्ड माइक्रोसॉफ्ट ऑफिस में शामिल एक लोकप्रिय शब्द संसाधक है। यह हमें टाइपिंग, एडिटिंग, फॉर्मेटिंग एवं प्रिण्टिंग की सुविधा प्रदान करता है। इसी कारण से माइक्रोसॉफ्ट वर्ड का इस्तेमाल विभिन्न प्रकार के औपचारिक तथा निजी कामों के लिए किया जाता है।
- **शुरुआती रिलीज तारीख** : 1983
- **ऑपरेटिंग सिस्टम** : Windows NT; Windows XP; Windows 10; Windows 8, Windows RT; Windows Server 2012; Windows Server 2008 R2; Windows 7

माइक्रोसॉफ्ट पावर पॉइण्ट

माइक्रोसॉफ्ट पावर पॉइण्ट बहुत ही उपयोगी सॉफ्टवेयर है। इसका ज्यादातर उपयोग बड़ी–बड़ी कम्पनियों में प्रेजेंटेशन प्रस्तुत करने तथा शिक्षण संस्थानों में प्रोजेक्ट बनाने में होता है।

माइक्रोसॉफ्ट पावर पॉइण्ट में काम करते समय हम विभिन्न प्रकार के एनीमेशन इफेक्ट, ग्राफिक साउण्ड इत्यादि का उपयोग कर अपने प्रेजेंटेशन को आकर्षित बना सकते हैं। पावर पॉइण्ट की कुछ विशेषताएँ हैं जो नीचे दी गयी हैं–

हैण्डआउट्स (Handouts) : यह हमारे प्रेजेंटेशन का प्रिण्ट आउट होता है। इसमें स्लाइड के कंटेंट कम्पनी का नाम, प्रोजेक्ट का नाम, तारीख इत्यादि होते हैं।

स्लाइड (Slide) : यह प्रेजेंटेशन में सबसे अहम भाग होता है। प्रेजेंटेशन करते समय हम स्लाइड का उपयोग करके उसमे टॉपिक, ग्राफिक्स, पिक्चर, साउण्ड इफेक्ट इत्यादि डाल सकते हैं जिससे प्रेजेंटेशन ज्यादा अच्छी हो जाती है।

ग्राफ एवं चार्ट्स (Graph and Charts) : नम्बरों तथा डाटा को आसानी से समझने के लिए ग्राफ एवं चार्ट का उपयोग होता है। ये इन्हें आकर्षित रूप में प्रदर्शित करते हैं।

मीडिया क्लिप्स (Media Clips) : साउण्ड, वीडियो एनीमेशन, पिक्चर इत्यादि का उपयोग अपने प्रेजेंटेशन में करने के लिए इस ऑप्शन का उपयोग किया जाता है।

आर्गेनाइजेशन चार्ट (Organization Chart) : किसी संस्था या संगठन को क्रमवार प्रस्तुत करने के लिए इसका उपयोग कर संरचना चार्ट बनाये जाते हैं।

स्पीकर नोट्स (Speaker Notes) : जहाँ प्रेजेंटेशन देना होता है वहाँ स्पीकर होते हैं। नोट्स बनाकर इस स्पीकर नोट्स में रखा जा सकता है जिससे आपकी कोई भी जरूरी या उपयोगी जानकारी नहीं छूटती है।

माइक्रोसॉफ्ट पावर पॉइण्ट में कई तरह के स्लाइड व्यू होते हैं, जिनका आवश्यकता के अनुसार उपयोग कर सकते हैं। पावर पॉइण्ट के बायें किनारे पर स्लाइड ऑप्शन आइकॉन के रूप में होते हैं। जिससे आसानी से प्रेजेंटेशन का व्यू बदल सकते हैं. कुछ स्लाइड व्यू नीचे दिये गये हैं–

- स्लाइड व्यू (Slide View)
- आउटलाइन व्यू (Outline View)
- नॉर्मल व्यू (Normal View)
- स्लाइड सॉर्टर व्यू (Slide Sorter View)
- स्लाइड शो व्यू (Slide Show View)

माइक्रोसॉफ्ट पावर पॉइण्ट के डिजाइन टेम्प्लेट्स

पावर पॉइण्ट में कुछ स्टैण्डर्ड टेम्पलेट्स होते हैं जिनका उपयोग अपना प्रेजेंटेशन बनाने में कर सकते हैं। इसके अलावा प्रेजेंटेशन के लिए इण्टरनेट से भी डिजाइनर टेम्पलेट डाउनलोड कर सकते हैं।

अगर आप पहले से डिजाइन किये हुए टेम्पलेट का प्रयोग नहीं करना चाहते तो ब्लैंक प्रेजेंटेशन का प्रयोग कर डिजाइन खुद किया जा सकता है। ब्लैंक प्रेजेंटेशन उसे कहते हैं जिसमे एक सफेद रंग की स्लाइड होती है। जिसमें अपनी इच्छानुसार या पसन्द के अनुसार कुछ भी डिजाइन कर सकते हैं। प्रेजेंटेशन को डिजाइन करके सेव भी कर सकते हैं और जब चाहे तब पहले से बनी हुई प्रेजेंटेशन को खोलकर दुबारा उपयोग कर सकते हैं।

सॉफ्टवेयर : निश्चित काम पूरा करने के लिए तैयार किये गये प्रोग्राम को सॉफ्टवेयर कहा जाता है।

एम.एस. ऑफिस 2003 हिन्दी, माइक्रोसॉफ्ट की ऑफिस श्रृंखला में नवीनतम संस्करण था जिसे 16 फरवरी, 2004 को नयी दिल्ली में शुरू किया गया। कम्प्यूटर के क्षेत्र में अब तक हिन्दी का प्रयोग फॉण्ट स्तर पर ही किया जाता था और इसका उपयोग भी शब्द–संसाधन तक ही सीमित था, लेकिन ऑफिस हिन्दी के आगमन से हिन्दी सच्चे अर्थों में कम्प्यूटर के क्षेत्र में विश्व की अन्य विकसित भाषाओं के समकक्ष आ गयी। वस्तुतः माइक्रोसॉफ्ट ने पहली बार हिन्दी को ऑपरेटिंग सिस्टम में समाहित किया, जिसके फलस्वरूप कम्प्यूटर सम्बन्धी सभी अनुप्रयोगों में हिन्दी का प्रयोग सहजता और सरलता से किया जा सकता है। कम्प्यूटर में अंग्रेजी के व्यापक उपयोग के कारण आम लोगों में यह धारणा बन गयी थी कि अंग्रेजी ही कम्प्यूटर की मूल भाषा है। लेकिन इसके आ जाने से हिन्दी कम्प्यूटिंग के क्षेत्र में कुछ विशेष सुविधाओं का प्रवेश हो गया। जैसे किसी भी सॉफ्टवेयर पर फाइल का नाम हिन्दी में रखा जा सकता था, अकारादि क्रम से शब्दों की अनुक्रमणिका बनायी जा सकती थी और इस कारण हिन्दी में कोश निर्माण भी किया जा सकता था।

डेस्कटॉप प्रकाशन (Desktop Publishing)

डीटीपी, प्रकाशन की आधुनिकतम तकनीक है जिसके आने के कारण प्रकाशन का कार्य कम खर्च में एवं अत्यन्त सुविधा के साथ होने लगा है। डेस्कटॉप प्रकाशन के तीन मुख्य अवयव हैं–व्यक्तिगत कम्प्यूटर (पीसी), पेज–लेआउट करने के लिए एक यथा दृश्य तथा प्राप्ति (WYSIWYG) सॉफ्टवेयर एवं अच्छे गुणवत्ता वाला एक प्रिण्टर। इसकी सहायता से लघु–स्तर के साथ–साथ वृहद–स्तर पर भी प्रकाशन सम्भव है। वस्तुतः इसके पदार्पण से 'फोटोटाइपसेटिंग' नामक प्रचलित तकनीक का अन्त हो गया।

डेस्कटॉप पब्लिशिंग का शाब्दिक अर्थ छापी जाने वाली सामग्री को अपनी मेज पर ही तैयार करना होता है अर्थात, अपनी मेज पर रखे उपकरणों द्वारा ही प्रकाशन का कार्य करना, इसका व्यवहारिक अर्थ है। कम्प्यूटर और उससे जुड़े उपकरणों द्वारा प्रकाशन का कार्य करना, दूसरे शब्दों में, इस प्रणाली में पाठ कम्पोज करने, चित्र आदि बनाने से लेकर उन्हें विभिन्न पृष्ठों पर स्थान देने अर्थात सेट करने तक का सारा कार्य अपनी मेज पर रखे कम्प्यूटर में ही किया जाता है और अन्त में ऐसी मास्टर प्रति

लेजर प्रिण्टर पर छापकर तैयार कर ली जाती है, जिसे आप किसी छपाई की विधि जैसे ऑफसेट विधि से सीधे कागज पर उतार सकते हैं और इच्छानुसार कितनी भी प्रतियाँ छाप सकते हैं। संक्षेप में, अपने डेस्कटॉप कम्प्यूटर की सहायता से पूरी तरह छापने योग्य दस्तावेज तैयार करना ही डेस्कटॉप पब्लिशिंग कहा जाता है, इसके लिए कई प्रकार के प्रोग्राम उपलब्ध हैं, जिनके द्वारा आप टुकड़ों में बँटी हुई सूचनाओं और सामग्री को आपस में जोड़कर एक सम्पूर्ण दस्तावेज बना सकते है।

डी.टी.पी. की सुविधा व्यवसायिक प्रकाशन ही नहीं कार्यालय स्वचालन के क्षेत्र में भी एक प्रमुख उपलब्धि है सभी छोटी–बड़ी कम्पनियाँ अपने कार्य के बारे में अनेक प्रकार की सामग्री जैसे पैम्फलेट, पोस्टर, विज्ञापन, बैलेंसशीट, प्रगति–पत्रिका, पुस्तिकाएँ आदि प्रतिवर्ष छपवाती है, पहले यह कार्य हस्तचालित टाइप सेंटिंग द्वारा किया जाता था, जिसमें प्रत्येक शब्द हाथ से कम्पोज करना पड़ता है और चित्र या ग्राफ का ब्लॉक बनाना पड़ता है, कम्पोज हो जाने के बाद उसकी जाँच करके उसे छापा जाता है, इस कार्य में कभी भी पूर्ण सन्तुष्टि नहीं मिलती क्योंकि कार्य के बीच में दस्तावेज में कोई भी बड़ा परिवर्तन या सुधार करना सम्भव नहीं होता है।

लेकिन डी.टी.पी. की सुविधा उपलब्ध हो जाने से यह कार्य बहुत सरल, सुविधापूर्ण और रुचिकर हो गया है। इसमें छपाई की सामग्री पर हमारा पूर्ण नियन्त्रण रहता है, हम अक्षरों को मनचाहे आकार और रूप में ढाल सकते हैं और पलक झपकते ही उनका टाइपफेस या फॉण्ट बदल सकते है, मनचाहे रंगों के चित्र बनाना, उनका आकार बदलना और दस्तावेज में कहीं भी स्थापित करना बहुत सरल हो गया है और पूरी तरह सन्तुष्ट होने के बाद उसकी मास्टर प्रति छापकर अधिक प्रतियों की छपाई हेतु दी जा सकती है। डीटीपी से प्रकाशन की सारी प्रक्रिया बहुत ही सरल और तेज हो गयी है, जिसके कारण मोटी–मोटी पुस्तकें भी कुछ ही दिनों में छापकर तैयार कर दी जाती हैं वह भी डीटीपी प्रणाली द्वारा ही तैयार की गयी है।

डीटीपी के कार्य के लिए मुख्यतः तीन वस्तुओं की आवश्यकता होती है। एक पर्सनल कम्प्यूटर, एक लेजर प्रिण्टर तथा डीटीपी का सॉफ्टवेयर, पर्सनल कम्प्यूटर में पर्याप्त क्षमता की रैम तथा हार्ड डिस्क एवं माउस अवश्य होने चाहिए। अच्छी छपाई के लिए लेजर प्रिण्टर भी आवश्यक है वैसे प्रूफ आदि की छपाई साधारण डॉट मैट्रिक्स प्रिण्टरों पर भी की जा

सकती है। डीटीपी का वास्तविक कार्य इसके लिए उपयोग किये जाने वाले विशेष सॉफ्टवेयर पैकेजों द्वारा किया जाता है।

डीटीपी के प्रोग्राम

- स्क्राइबस (Scribus) (मुक्तस्रोत)
- Adobe InDesign
- Adobe FrameMaker
- Adobe PageMaker
- QuarkXpress
- Corel Ventura
- PageStream
- Serif PagePlus
- ACDsee Canvas
- RageTime
- Pages (Apple)

स्क्राइबस (scribus) डेस्कटॉप प्रकाशन का मुक्तस्रोत प्रोग्राम है।

एडोब इन डिजाइन : एडोब सिस्टम द्वारा विकसित लेखन और संशोधन सॉफ्टवेयर है जो पत्रिकाएँ, समाचार पत्रा, पोस्टर, बड़े–बड़े दस्तावेज आदि तैयार करने के लिए प्रयुक्त किया जाता है।

एडोब फ्रेम मेकर : यह लेखन और संशोधन के लिए प्रयुक्त एक सॉफ्टवेयर है इसे दस्तावेज संसाधक भी कहा जाता है। यह फ्रेम तकनीकी कोरपोरेशन द्वारा विकसित है जिसे बाद में एडोब ने खरीदा। इसलिए एडोब नाम पड़ा। इसका नवीनतम संस्करण नवम्बर 2018 में निकला जिसे XML संशोधन कहा गया। इसका पूर्ण रूप है इक्सटेनसिबल मार्क अप लाग्वेज। यह दस्तावेज संसाधक भाषा प्रोग्राम है जो वल्ड वाइड वेब पेज संशोधित करने के लिए प्रयुक्त होता है। XML प्रोग्राम पहली बार 1990 में विकसित किया गया था क्योंकि HTML प्रोग्राम एक्टेनसिबल नहीं था।

एडोब पेजमेकर : यह एडोब द्वारा विकसित एक पेज लेआउट सॉफ्टवेयर है। यह डीटीपी के कार्यों में काफी प्रयुक्त होता है। इसका नवीनतम संस्करण एडोब इनडिजाइन के नाम से है। अभी भी भारत में पेजमेकर की एक मुख्य कमी है कि यह इण्डिक यूनिकोड का समर्थन नहीं करता, जिस कारण इसमें यूनिकोड हिन्दी (अथवा कोई अन्य इण्डिक

भाषा) टाइप नहीं की जा सकती। अतः छपाई सम्बन्धी कार्यों के लिए नॉन–यूनिकोड हिन्दी (इण्डिक) फॉण्टों का सहारा लेना पड़ता है।

अधिकतर नॉन–यूनिकोड फॉण्ट रेमिंगटन लेआउट का प्रयोग करते हैं, जिन्हें रेमिंगटन का अभ्यास न हो उनको पहले किसी अन्य औजार में टैक्स्ट टाइप करके फिर उसे कॉपी कर पेजमेकर में पेस्ट करना पड़ता है। फोनेटिक द्वारा नॉन–यूनिकोड फॉण्ट में टाइप करने के लिए 'हिन्दीपैड', तथा 'बरह डायरैक्ट' नामक तथा इनस्क्रिप्ट द्वारा टाइप करने के लिए 'माध्यम' नामक औजार का प्रयोग किया जा सकता है।

पेजमेकर का उपयोग प्रकाशन और अन्य पेशेवर दस्तावेज का विकास करने के लिए किया जाता है। Adobe Pagemaker में सैकड़ों टेम्पलेट्स होते हैं जो उपयोगकर्ताओं को कम–से–कम प्रयास के साथ गुणवत्ता के साथ दस्तावेज बनाने के लिए सक्षम बनाते हैं व सहायता प्रदान करते हैं। पेजमेकर विजिटिंग कार्ड्स, बायोडाटा, किताबें, मैगजीन, अखबार, लेटर पैड, पैम्फलेट इत्यादि और अनेक दस्तावेजों को बनाने, डिजाइन करने तथा प्रकाशित करने में प्रयोग किया जाता है।

बुक्स की सेटिंग करने के लिए, बिना ब्रेक के लगातार टाइप करने के लिए एडवरटाइजमेण्ट की सेटिंग करने के लिए, पैकिंग बॉक्स के लेबल्स बनाने के लिए, मैरिज कार्ड, इन्विटेशन कार्ड बनाने के लिए भी इसका प्रयोग किया जाता है। इसके साथ ही लैटरहैड्स, पैम्फलेट्स और नोटबुक्स बनाने के लिए भी पेजमेकर का इस्तेमाल किया जाता है। पेजमेकर के नये संस्करण 'इनडिजाइन' में हिन्दी और अन्य भारतीय भाषाओं का समर्थन सक्षम करने हेतु 'इण्डिकप्लस' नामक एक प्लगइन उपलब्ध है।

क्वार्क X प्रैस : यह एक डीटीपी सॉफ्टवेयर है जो पेजीदा प्रिंट लेआउट को रचने और संशोधन करने में प्रयुक्त होता है। यह यथा दृश्य तथा प्राप्ति (WYSIWYS-what you see is what you get) सॉफ्टवेयर के साथ काम में लाया जाता है। इसका नवीनतम संस्करण 2018 में निकाला गया, प्रथम संस्करण 1987 में Quark.in द्वारा निकाला गया था।

कोरल वेंचुरा : आईबीएम कम्प्यूटरों के डेस्कटॉप प्रकाशन के लिए प्रयुक्त सॉफ्टवेयर है कोरल वेंचुरा। कोरल वेंचुरा, वेंचुरा सॉफ्टवेयर द्वारा विकसित किया गया है। 1986 में इसका प्रथम संस्करण निकला।

पेज स्ट्रीम : यह पेज लेआउट प्रोग्राम है जो डेस्कटॉप प्रकाशन के रचनात्मक कार्यों के लिए प्रयुक्त होता है।

शेरिफ पेज प्लस : माइक्रोसॉफ्ट विंडोज के लिए कम्पनी द्वारा विकसित डेस्कटॉप प्रकाशन प्रोग्राम है। इसका पहला संस्करण 1991 में और नवीनतम संस्करण पेज प्लस X 9 के नाम से 2015 में निकाला गया।

एसीडीसी केनवस : यह माइक्रोसॉफ्ट विंडोज, Mac Is, iOS आदि के लिए एसीडी सिस्टम द्वारा विकसित दृश्य संशोधन कार्यक्रम है।

रेज टाइम और **पेजेस** (एप्पल) भी डेस्कटोप प्रकाशन के लिए प्रयुक्त कार्यक्रम है।

शब्द संसाधक

शब्द संसाधक अथवा **वर्ड प्रोसैसर** ऐसे सॉफ्टवेयर को कहा जाता है जिसमें पाठ का सम्पादन एवं प्रसंस्करण किया जा सके।

- अधिकतर नये शब्द संसाधक इण्डिक समर्थन युक्त हैं, इसलिए हिन्दी में अच्छा कार्य करते हैं। माइक्रोसॉफ्ट ऑफिस हिन्दी काफी सुविधाजनक हिन्दी शब्द संसाधक (वर्ड प्रोसैसर) है। इसके अतिरिक्त सी–डैक का 'आइलीप', मोड्यूलर इन्फोटैक का 'श्री लिपि', देशवेब का 'अक्षरमाला', बालेन्दु दाधीच का 'माध्यम' (निःशुल्क), वेबदुनिया का 'टाइप एण्ड कास्ट', सी–डैक का 'एच–वर्ड' आदि देवनागरी में काम करने के अच्छे साधन हैं।

राजभाषा हिन्दी, कम्प्यूटर और सूचना प्रौद्योगिकी

आज का युग सूचना, संचार व विचार का युग है। सूचना प्रौद्योगिकी एक सरल तन्त्र है जो तकनीकी प्रयोग के सहारे सूचनाओं का संकलन, प्रक्रिया व सम्प्रेषण करता है। सूचना प्रौद्योगिकी के इस युग में कम्प्यूटर का महत्त्व कल्पवृक्ष से कम नहीं है जिससे व्यवसायिक, वाणिज्यिक, जन संचार, शिक्षा, चिकित्सा, आदि कई क्षेत्र लाभान्वित हुए हैं। कम्प्यूटर व सूचना प्रौद्योगिकी के क्षेत्र में जो विकास हुआ है वह भाषा के क्षेत्र में भी मौन क्रान्ति का वाहक बन कर आया है। अभी तक भाषा जो केवल मनुष्यों की आवश्यकताओं को पूरा कर रही थी, उसे सूचना प्रौद्योगिकी के इस युग में मशीन व कम्प्यूटर की नित नयी भाषायी माँगों को पूरा करना पड़ रहा है।

चूँकि वर्तमान समय सूचना प्रौद्योगिकी का युग है, सभी कार्यालयों में तमाम काम कम्प्यूटरों पर ही किये जाते हैं। रोजमर्रा की जिन्दगी मानो सूचना प्रौद्योगिकी पर आधारित है। मोबाइल फोन, एटीएम, इण्टरनेट बैंकिंग से लेकर रेलवे आरक्षण, ऑनलाइन शॉपिंग, आदि तक सूचना प्रौद्योगिकी हमारे जीवन का एक अभिन्न अंग बन चुकी है। संविधान के अनुच्छेद 343 के आधार पर हिन्दी को भारत में राजभाषा का दर्जा प्राप्त है जिसकी वजह से हिन्दी भाषा का प्रयुक्ति क्षेत्र बहुत विस्तृत है, सभी सरकारी कार्यालयों में हिन्दी को कार्यालयी भाषा का दर्जा प्राप्त है व इसका कार्यक्षेत्र केन्द्र सरकार के सभी मन्त्रालयों, कार्यालयों, निगमों, विभागों व उपक्रमों आदि तक फैला हुआ है। समकालीन समय में सूचना प्रौद्योगिकी जिसकी आत्मा कम्प्यूटर है, किसी भी अर्थव्यवस्था की रीढ़ की हड्डी बना हुआ है। यह सर्वज्ञात है कि कम्प्यूटर में राजभाषा हिन्दी में कार्य करना सुगम बनाया है। हिन्दी में कम्प्यूटर स्थानीयकरण का कार्य काफी पहले प्रारम्भ हुआ और अब यह आन्दोलन की शक्ल ले चुका है। हिन्दी सॉफ्टवेयर लोकलाइजेशन का कार्य सर्वप्रथम सी–डैक द्वारा 90 के दशक में किया गया था। वर्तमान में हिन्दी भाषा के लिए कई संगठन

कार्य करते है, जिसमें सी–डैक, गृह मन्त्रालय का राजभाषा विभाग, केन्द्रीय हिन्दी संस्थान और अनेकों गैर–सरकारी संगठन जैसे सराय, इंडलिक्स, आदि प्रमुख हैं।

एक ओर यूनिकोड के प्रयोग ने हिन्दी के प्रयोग को आगे बढ़ाने के क्षेत्र में महत्त्वपूर्ण योगदान दिया है वहीं आज सिस्टम जेनरेटेड प्रोग्रामों में हिन्दी की स्थिति कुछ खास नहीं है। अधिकतर सॉफ्टवेयर प्रोग्राम पहले ही तैयार कर लिए जाते हैं, उसके बाद उनमें हिन्दी की सुविधा तलाश की जाती है। इसके बावजूद भी यह सन्तोष का विषय है कि 21वीं सदी में भाषा के प्रचार–प्रसार में सूचना प्रौद्योगिकी की भूमिका अहम हो गयी है व भाषाओं के मानकीकरण का कार्य आसान हो गया है।

हिन्दी यूनिकोड के अस्तित्व में आने के बाद अब हर कम्प्यूटर, लैपटॉप यहाँ तक कि स्मार्ट फोन पर भी हिन्दी में काम करना व करवाना कोई बड़ा मुद्दा नहीं रह गया है। यूनिकोड एक अन्तरराष्ट्रीय मानक कोड है जिसमें हिन्दी व अन्य भारतीय भाषाओं सहित विश्व की लगभग 200 भाषाओं के लिए कोड निर्धारित किये गये हैं। चूँकि कम्प्यूटर मूल रूप से किसी भाषा से नहीं बल्कि अंकों से सम्बन्ध रखता है इसलिए हम किसी भी भाषा को एनकोडिंग व्यवस्था के तहत मानक रूप प्रदान कर सकते हैं। साथ ही इसी आधार पर उनके लिए फॉण्ट भी निर्मित किये जा सकते हैं, जैसे अंग्रेजी भाषा अथवा रोमन लिपि के लिए एरियल फॉण्ट की एनकोडिंग की गयी है, उसी तरह हिन्दी और अन्य भारतीय भाषाओं के लिए निर्मित आधुनिक यूनिकोड फॉण्ट्स की भी एनकोडिंग की गयी है जिसे अन्तरराष्ट्रीय स्तर पर एप्पल, आइबीएम, माइक्रोसॉफ्ट, सैप, साइबेस, यूनिसिस जैसी सूचना प्रौद्योगिकी उद्योग की प्रमुख कम्पनियों ने अपनाया है। मानकीकरण का यह कार्य अमेरिका स्थित यूनिकोड कंसोर्टियम द्वारा किया जाता है जो कि लाभ ना कमाने वाली एक संस्था है। भारत सरकार के इलेक्ट्रॉनिक विभाग ने भी इस कंसोर्टियम के जरिये हिन्दी के यूनिकोड फॉण्ट जैसे मंगल, कोकिला, एरियल यूनिकोड एमएस, आदि की एनकोडिंग करायी है जिसकी वजह से आधुनिक कम्प्यूटरों में यह फॉण्ट पहले से ही विद्यमान होते हैं। यूनिकोड 16 बिट की एक एनकोडिंग व्यवस्था है जो कि पाली और प्राकृत जैसी प्राचीन भाषाओं से भी परिचित है। इसकी विशेषता यह है कि एक कम्प्यूटर के पाठ को दुनिया के किसी भी अन्य यूनिकोड आधारित कम्प्यूटर पर खोला व पढ़ा जा सकता है। इसके लिए अलग से उस भाषा के फॉण्ट का प्रयोग करने की अनिवार्यता नहीं होती;

क्योंकि यूनिकोड केन्द्रित हर फॉण्ट में सिद्धान्ततः विश्व की हर भाषा के अक्षर मौजूद होते हैं। यूनिकोड आधारित कम्प्यूटरों में प्रत्येक कार्य भारत की किसी भी भाषा में किया जा सकता है, बशर्ते कि 'ऑपरेटिंग सिस्टम' पर इन्स्टॉल सॉफ्टवेयर यूनिकोड व्यवस्था आधारित हो। आज बाजार में आने वाला हर नया कम्प्यूटर व अन्य गैजट ना सिर्फ हिन्दी, बल्कि दुनिया की अधिकतर भाषाओं में कार्य करने में सक्षम है, क्योंकि यह सभी लिपियाँ यूनिकोड मानक में शामिल हैं।

मौजूदा समय में हिन्दी 'ग्लोबल हिन्दी' में परिवर्तित हो गयी है, आज तकनीकी विकास के युग में दूसरे देशों के लोग भी, भले ही विपणन के लिए ही सही, हिन्दी भाषा सीख रहे हैं। आज स्थिति यह है कि भारत व चीन के व्यवसायिक सम्बन्धों को बढ़ाने की सम्भावनाओं की तलाश के लिए लगभग दस हजार लोग पेइचिंग में हिन्दी सीख रहे हैं। आज से लगभग 45 वर्ष पूर्व कम्प्यूटर पर हिन्दी में कार्य आरम्भ हुआ और इसी तरह एनकोडिंग व डिकोडिंग के माध्यम से विश्व की विभिन्न भाषाएँ भी कम्प्यूटर पर सुलभ होने लगीं, इस तकनीकी विकास ने भारतीय भाषाओं को जोड़ा है, कम्प्यूटर के माध्यम से विभिन्न सॉफ्टवेयरों, सी–डैक संस्था के हिन्दी सीखने–सिखाने के विभिन्न कम्प्यूटरीकृत कार्यक्रमों जैसे–प्रबोध, प्रवीण व प्राज्ञ पाठ्यक्रमों के लिए लीला वाचिक तकनीक के प्रयोग ने भाषा सीखने की प्रक्रिया को विभिन्न भाषा माध्यमों से बिलकुल आसान बना दिया जिससे भाषायी निकटता का उदय हुआ, जिसकी वजह से भाषायी एकता आना स्वाभाविक था।

फिलहाल मोबाइल फोन ने लैण्डलाइन फोन का स्थान ले लिया है। मोबाइल फोन पर हिन्दी समर्थन हेतु निरन्तर कार्य चल रहा है। कई मोबाइल कम्पनियाँ, सोनी, नोकिया, सैमसंग आदि हिन्दी टंकण, हिन्दी वॉयस सर्च व हिन्दी भाषा में इण्टरफेस की सुविधा प्रदान कर रही हैं। इसके साथ ही आज आइ पैड पर हिन्दी लिखने की सुविधा उपलब्ध है। अंग्रेजी के साथ–साथ आज हिन्दी भाषा का भी नेटवर्क पूरे विश्व में फैलता जा रहा है। जागरण, वेब दुनिया, नवभारत टाइम्स, विकिपीडिया हिन्दी, भारत कोश, कविता कोश, गद्य कोश, हिन्दी नेक्स्ट डॉट कॉम, हिन्दी समय डॉट कॉम, आदि इण्टरनेट साइटों पर हिन्दी सामग्री देखी जा सकती है। आज विज्ञापन से सम्बन्धित एसएमएस से खाता–शेष तक हिन्दी तथा क्षेत्रीय भाषाओं में प्राप्त किया जा सकता है। भारत सरकार के गृह मन्त्रालय के तहत कार्यरत सी–डैक (पुणे) बाइस भाषाओं में अपनी विभिन्न तकनीकी आयामों से वेबसाइटों, सॉफ्टवेयरों, रिपोर्टों, महाराष्ट्र सरकार की मराठी

भाषा में तथा असम सरकार की असमिया भाषा में वेबसाइट निर्माणों, रिजर्व बैंक के राजभाषा रिपोर्ट जेनेरेशन सॉफ्टवेयर (आरआरजीएस) निर्माण आदि के कार्य कर भाषायी एकता के क्रम में योगदान कर रहा है।

हिन्दी के बड़े बाजार की नब्ज को देखते हुए माइक्रोसॉफ्ट ने अपने सॉफ्टवेयर उत्पादों से सम्बन्धित सहायक साहित्य तथा मार्गदर्शक सूत्रों को विशेषज्ञों की सहायता से हिन्दी में उपलब्ध कराने का प्रयत्न शुरू किया है। बहुप्रचलित विंडोज़ विस्टा व विडोंज 7 जैसे ऑपरेटिंग सिस्टम के साथ एमएस वर्ड, पावर प्वाइण्ट, एक्सेल, नोटपैड, इण्टरनेट एक्सप्लोरर जैसे प्रमुख सॉफ्टवेयर उत्पाद अब हिन्दी में कार्य करने की सुविधा प्रदान करते हैं। माइक्रोसॉफ्ट का लैंग्वेज इंटर्फेस पैकेज स्थानीयकरण का बेहतर उदाहरण है।

गृह मन्त्रालय के राजभाषा विभाग ने अपनी वेबसाइट http://www.rajbhasha.nic.in पर राजभाषा हिन्दी में कार्य करने को आसान बनाने के उद्देश्य से हिन्दी में कई सॉफ्टवेयर उपलब्ध कराये हैं, जिसमें से निम्नलिखित प्रमुख हैं–

1. सर्वप्रथम हम 'लीला' सॉफ्टवेयर की बात करेगें। LILA अर्थात Learn Indian Languages with Artificial Intelligence, एक स्वयं शिक्षण मल्टीमीडिया पैकेज है। यह राजभाषा विभाग द्वारा तैयार किया गया एक निःशुल्क सॉफ्टवेयर है जिसके द्वारा प्रबोध, प्रवीण व प्राज्ञ स्तर के हिन्दी के पाठ्यक्रमों को विभिन्न भारतीय भाषाओं जैसे कन्नड़, मलयालम, तमिल, तेलुगु, बांग्ला आदि के माध्यम से सीखने, ऑनलाइन अभ्यास, उच्चारण सुधार, स्वमूल्यांकन, आदि की सुविधा उपलब्ध है।

2. 'मन्त्र' अर्थात Machine Assisted Translation Tool सी–डैक द्वारा विकसित एक मशीनी अनुवाद सॉफ्टवेयर है। यह राजभाषा विभाग द्वारा विकसित एक मशीनी अनुवाद सॉफ्टवेयर है जो प्रशासनिक, वित्तीय, कृषि, लघु–उद्योग, सूचना प्रौद्योगिकी, स्वास्थ्य रक्षा, शिक्षा एवं बैंकिंग क्षेत्रों के दस्तावेजों का अंग्रेजी से हिन्दी में अनुवाद करता है। 'मन्त्र' राजभाषा इण्टरनेट संस्करण का डिजाइन व विकास थिन क्लाइंट आर्किटेक्चर पर आधारित है, इसमें सम्पूर्ण अनुवाद प्रक्रिया सर्वर पर होती है, इसलिए दूरवर्ती स्थानों में भी इण्टरनेट उपलब्ध लो एण्ड सिस्टम पर भी दस्तावेजों का अनुवाद करने की इस सुविधा का उपयोग किया जा सकता है।

3. श्रुतलेखन एक सतत स्पीकर इण्डिपेंडेण्ट हिन्दी स्पीच रिकॉग्निशन सिस्टम है, जिसका विकास सी–डैक, पुणे के एलाइड ए.आइ ग्रुप ने

राजभाषा विभाग, गृह मन्त्रालय, भारत सरकार के सहयोग से किया है। यह स्पीच टू टेक्सट टूल है, इस विधि में प्रयोक्ता माइक्रोफोन में बोलता है तथा कम्प्यूटर में मौजूद स्पीच टू टेक्स्ट प्रोग्राम उसे प्रोसेस कर पाठ/टेक्स्ट में बदल कर लिखता है।

4. वाचान्तर ध्वनि से पाठ में अनुवाद प्रणाली है जिसमें दो प्रौद्योगिकों का समावेश है। यह उपकरण अंग्रेजी स्पीच से हिन्दी अर्थ अनुवाद हेतु उपलब्ध कराया जाता है।

5. सी–डैक पुणे के तकनीकी सहयोग से ई–महाशब्दकोश का निर्माण किया गया जो की राजभाषा की साइट पर निःशुल्क उपलब्ध है। यह एक द्विभाषी–द्विआयामी उच्चारण शब्दकोश है जिसके द्वारा हिन्दी या अंग्रेजी अक्षरों द्वारा शब्द की सीधी खोज की जा सकती है।

अनुवाद दो भाषाओं के बीच सेतु का कार्य करता है। तकनीकी के उत्तरोत्तर विकास द्वारा मशीनी अनुवाद टूल बनाना सम्भव हो सका। आज विश्व के कई देशों के पास अत्यन्त ही सक्षम अनुवाद टूल हैं। इनकी सहायता से वैश्विक मंचों पर विभिन्न देशों का आपसी मिलन आसानी से सम्भव हुआ है। भारत में भी अनुवाद टूल बनाने की दिशा में कई सॉफ्टवेयर बनाए गये हैं जिनमें सी–डैक, आई.आई.टी. कानपुर, आई.आई.टी. मुम्बई जैसी संस्थाओं की अहम भूमिका है।

इसके अलावा हिन्दी में शब्द संसाधन के लिए विशेष रूप से तैयार ई–पुस्तक, राजभाषा विभाग की साइट पर उपलब्ध है। परस्पर भाषायी आदान–प्रदान के क्रम में भी तकनीकी विकास हुआ है। गूगल ट्राँसलेट के माध्यम से विभिन्न भाषाओं का अनुवाद किया जा सकता है। आज हमारे पास लिपियों को बदलने का सॉफ्टवेयर 'गिरगिट' उपलब्ध है। भारतीय भाषाओं के बीच अनुवाद करने हेतु 'अनुसारक' नाम का सॉफ्टवेयर मौजूद है। हिन्दी ऑप्टिकल कैरेक्टर के माध्यम से हिन्दी ओसीआर इनपुट करके ओसीआर आउटपुट में 15–16 वर्ष के पहले की सामग्री को भी परिवर्तित किया जा सकता है। सी–डैक के श्रुतलेखन सॉफ्टवेयर से भाषण/स्पीच से पाठ रूप में पहुँचा जा सकता है। गूगल के टूलों में वाचक, प्रवाचक, गूगल टेक्स्ट टू स्पीच के जरिये पाठ से भाषण की सुविधा उपलब्ध है व गूगल के वॉयस टाइपिंग के जरिये स्पीच को टेक्स्ट में बदलने की सुविधा उपलब्ध है। गूगल वॉयस टाइपिंग में गूगल डॉक्स के द्वारा हम अपनी आवाज के माध्यम से टाइपिंग करने का आनन्द उठा सकते हैं।

माइक्रोसॉफ्ट इंडिक लैंग्वेज इनपुट टूल भारतीय भाषाओं हेतु एक सरल टाइपिंग टूल है। वास्तव में यह एक वर्चुअल कीबोर्ड है जो कि बिना कॉपी–पेस्ट के झंझट के विंडोज़ में किसी भी ऐप्लीकेशन में सीधे हिन्दी में लिखने की सुविधा प्रदान करता है। यह सेवा दिसम्बर 2009 में प्रारम्भ हो गयी थी। यह टूल शब्दकोश आधारित ध्वन्यात्मक लिप्यान्तरण विधि का प्रयोग करता है अर्थात हमारे द्वारा जो रोमन में टाइप किया जाता है, यह उसे अपने शब्दकोश से मिलाकर लिप्यान्तरित करता है तथा मिलते–जुलते शब्दों का सुझाव करता है। इस कारण से प्रयोक्ता को लिप्यन्तरण स्कीम को याद नहीं रखना पड़ता है जिससे पहली बार एवं शुरुआती हिन्दी टाइप करने वालों के लिए काफी सुविधाजनक रहता है।

आज चारों तरफ 'डिजिटल भारत' की बात हो रही है। प्रत्येक इनसान तक इण्टरनेट को पहुँचाने की चाहत रखने वाले महज 30 वर्षीय व्यक्ति व सोशल नेटवर्किंग साइट फेसबुक के संस्थापक मार्क जुकरबर्ग के एजेण्डे में भी गाँवों को डिजिटल दुनिया से जोड़ना प्रमुखता पा रहा है। हाल ही में (9–10 अक्टूबर 2014) दिल्ली में आयोजित 'इण्टरनेट ओआरजी समिट' में उन्होंने कहा, "फेसबुक अपने कंटेंट को क्षेत्रीय भाषाओं में देने पर फोकस कर रहा है"। यह ध्यातव्य है कि एक बिलियन यूजर्स में से फेसबुक का दूसरा सबसे बड़ा मार्केट भारत है जहाँ करीब 108 मिलियन एफबी यूजर्स हैं। मार्क जुकरबर्ग ने इस समिट में 'कनेक्टिंग द अनकनेक्टेड' अर्थात् 'ऐसे लोगों को इण्टरनेट से जोड़ना जो इससे दूर तथा अनभिज्ञ हैं' जैसा उद्देश्य रखते हुए पूरे समाज के लिए टैक्नोलॉजी की जरूरत बतायी। यहाँ भी तकनीकी विकास में भाषायी एकता दिखती है। जब विभिन्न गाँव डिजिटल दुनिया से जुड़ेंगे तो वैश्विक व भारतीय परिक्षेत्र में विभिन्न गाँवों की विभिन्न भाषाएँ भी तकनीकी का हिस्सा होंगी और उनके बीच सम्प्रेषणीय आदान–प्रदान होगा जिसमें हम भाषायी एकता देख सकेंगे।

आधुनिक युग कम्प्यूटर का युग है जिसने मनुष्य की कागज पर निर्भरता को काफी हद तक कम कर दिया है। कम्प्यूटर के आगमन, प्रसार तथा इस पर हमारी बढ़ती निर्भरता ने कुछ समय के लिए भारत जैसी तीसरी दुनिया के देश के लिए स्थानीय भाषाओं के हास का संकट पैदा कर दिया था, परन्तु नित–नये तरीके से विकसित होते इस यन्त्र ने ऐसी बाधाओं को पार कर लिया है और अब यह सभी भारतीय भाषाओं के प्रसार के लिए इलेक्ट्रॉनिक माध्यम उपलब्ध करा रहा है। कम्प्यूटर ने टाइपिंग के लिए उपयोग किये जाने वाले टाइपराइटर को चलन से बाहर किया परन्तु

शुरुआत में यह स्थानीय भाषाओं के लिए सहज नहीं था। इस समस्या का समाधान यूनिकोड के आगमन से हुआ जिसने हिन्दी के साथ–साथ अन्य भारतीय भाषाओं में कम्प्यूटर पर काम करने के लिए आसान प्लेटफॉर्म निर्मित किया। इसके माध्यम से हिन्दी तथा अन्य भारतीय भाषाओं में ब्लॉग लिखे जाने लगे, जो कि अब तक केवल कम्प्यूटर के आविष्कारक देशों की भाषाओं में लिखे जा रहे थे। आज हिन्दी में अनेकों ब्लॉग लिखे और पढ़े जा रहे हैं, इतना ही नहीं समाचार–पत्रों ने भी अब नियमित रूप से ब्लॉग छापने शुरू कर दिये हैं। यूनिकोड ने स्थानीय भाषाओं में टाइपिंग को आसान बनाकर इन्हें सोशल नेटवर्किंग साइट जैसे–ट्विटर, फेसबुक पर भी स्थापित कर दिया है।

निजी सैटेलाइट टीवी चैनलों के प्रसार ने भाषाई एकता को समृद्ध करने में महत्त्वपूर्ण भूमिका निभायी है। इनके फ्री टु एयर डिश कनेक्शन और उसके बाद डाइरेक्ट टु होम तक के तकनीकी विकास ने जनता तक उनकी भाषा में मनोरंजन व ज्ञान की पहुँच सुनिश्चित की है। यही बात रेडियो के निजी एफएम चैनलों के प्रसार एवं संचालन के साथ भी लागू होती है। आज भारत में 800 से ज्यादा टीवी चैनल और 250 तक एफएम चैनल उपलब्ध हैं। साथ ही ई–समाचार–पत्रों के चलन ने पत्रकारिता को एक नया स्वरूप दिया है। आज अपनी मातृभाषा में समाचार–पत्र पढ़ने के लिए उस क्षेत्र विशेष में अनिवार्यतः उपस्थित रहना आवश्यक नहीं रहा। लगभग सभी प्रमुख समाचार–पत्रों के ई संस्करण इण्टरनेट पर उपलब्ध हैं। इनके अलावा हिन्दी तथा अन्य भारतीय भाषाओं में ई–बुक्स, ई–मैगजीन, ई–कॉमिक्स आदि का प्रसार भी काफी तेज गति से हो रहा है।

समेकित रूप से यह कहा जा सकता है कि आज हम तकनीकी युक्त वस्तुओं से चारों ओर से घिरे हुए हैं। तकनीकी विकास ने हमारी जीवन–शैली और समाज के ढाँचे को भी प्रभावित किया है और भाषा भी इससे अछूती नहीं है। आज सूचना प्रौद्योगिकी के इस युग में हिन्दी का महत्त्व पहले से अधिक हो गया है और यह महज राजकाज की संवैधानिक बाध्यता से निकलकर व्यवसायिक भाषा के रूप में उभर कर सामने आयी है।

हिन्दी भाषा की विशेषता यह है कि यह एक सर्वसमावेशी भाषा है, इसमें संस्कृत से लेकर भारत की प्रान्तीय भाषाओं के साथ–साथ अंग्रेजी जैसी विदेशी भाषाओं के शब्दों को भी अपने अन्दर समाहित करने की क्षमता है। तकनीकी के इस युग में हिन्दी ने भी अपने परम्परागत स्वरूप

को समय के अनुरूप ढाल लिया है। कम्प्यूटर के साथ हिन्दी भाषा ने अब चोली–दामन का साथ बना लिया है। आज तकनीक के प्रत्येक क्षेत्र में हिन्दी को अपनाना आसान हो गया है। टाइपिंग की सुविधा से लेकर वॉयस टाइपिंग की सभी सुविधाएँ आज उपलब्ध हैं। आवश्यकता केवल हिन्दी भाषा के उपयोगकर्ताओं द्वारा इन नवीनतम तकनीकी सुविधाओं को अपनाने भर की है। ओसीआर अर्थात 'ऑप्टीकल कैरेक्टर रिकग्नीशन' अर्थात प्रकाश पुंज द्वारा वर्गों की पहचान कर पुराने देवनागरी हिन्दी टैक्स्ट को यूनिकोड फॉण्ट में परिवर्तित करने की सुविधा से पुरानी किताबों का डिजिटलाइजेशन करने में मदद मिल रही है। इससे संस्कृत भाषा में लिखी गयी लेख सामग्री को आसानी से हिन्दी के यूनिकोड फॉण्ट में परिवर्तित किया जा सकता है। इस तकनीकी से पुराने शास्त्र, ग्रन्थों के डिजीटलाइजेशन से ज्ञान के नये डिजिटल स्रोत खुल रहे हैं। प्राचीन ग्रन्थों की दुर्लभ प्रतियों का डिजीटलाइज़ेशन करने से उनमें उपलब्ध ज्ञान का फायदा सभी को होगा।

भाषा तकनीकी में विकसित उपकरणों को जनसामान्य तक पहुँचाने हेतु भारत सरकार के इलेक्ट्रॉनिकी, और सूचना प्रौद्योगिकी मन्त्रालय के प्रावधान के अन्तर्गत www.ildc.gov.in तथा www.ildc.in वेबसाइटों के द्वारा व्यवस्था की गयी है।

भारत सरकार ने हिन्दी में विज्ञान तथा तकनीकी साहित्य और शब्दावलियाँ उपलब्ध कराने के उद्देश्य से 'वैज्ञानिक एवं तकनीकी शब्दावली आयोग' (CSTT) की स्थापना की है। जिसका प्रमुख कार्य ज्ञान–विज्ञान तथा तकनीकी के विभिन्न क्षेत्रों में प्रयुक्त होने वाले शब्दों के हिन्दी पर्याय उपलब्ध कराना और तत्सम्बन्धी शब्दकोशों का निर्माण करना है। यह आयोग हिन्दी और अन्य भारतीय भाषाओं में वैज्ञानिक तथा तकनीकी शब्दावली के विकास और समन्वय से सम्बन्धित सिद्धान्तों के वर्णन और कार्यान्वयन का कार्य भी करता है। आयोग द्वारा तैयार की गयी शब्दावलियों को आधार मानकर विभिन्न विषयों की मानक पुस्तकों और वैज्ञानिक तथा तकनीकी शब्दकोशों का निर्माण और उनके प्रकाशन का कार्य भी किया जाता है। इसके साथ ही उत्कृष्ट गुणवत्ता की पुस्तकों का अनुवाद भी किया जाता है।

भारत की राजभाषा हिन्दी को डिजिटल दुनियाँ में समृद्ध करने और बढ़ावा देने में ऑनलाइन हिन्दी पुस्तकों की महत्त्वपूर्ण भूमिका सामने आ रही है। गूगल बुक्स और किंडल बुक्स आदि ऑनलाइन सुविधाओं की सहायता से आप अपने कम्प्यूटर या मोबाइल फोन पर हिन्दी या अन्य

भारतीय भाषाओं की हजारों पुस्तकों को मुफ्त में अथवा पैसों का भुगतान करके पढ़ सकते हैं। गूगल बुक्स पर उपलब्ध पुस्तकों को आप कम्प्यूटर या अपने लैपटॉप पर गूगल डाउनलोडर की सहायता से पीडीएफ फाइल में भी डाउनलोड करके रख सकते हैं। गुगल वॉयस टाइपिंग सेवा की सहायता से आप बोलकर टाइप कर सकते हैं। इस सुविधा से हिन्दी टाइपिंग के लिए लगने वाले समय में काफी बचत हुई है। एन्ड्रॉइड मोबाइल पर हिन्दी की ऑफलाइन शब्दावली सुविधा अंग्रेजी और अन्य विदेशी भाषाओं के शब्दों के हिन्दी शब्दार्थ ढूँढ़ने में सहायक है। भाषा प्रौद्योगिकी तथा नित नयी विकसित होने वाली तकनीकों से हिन्दी के विकास को और भी गति मिलेगी।

फॉण्ट, सॉफ्टवेयर और टूल्स

फॉण्ट (मुद्रलिपि) या **टाइप फेस** अक्षरों के लिखने की अलग–अलग शैलियाँ हैं जो छापे की लिखावट को विभिन्नता और सौंदर्य प्रदान करते हैं।

हिन्दी फॉण्ट

हिन्दी फॉण्ट दो प्रकार के होते हैं–

यूनिकोड फॉण्ट

वे फॉण्ट जो यूनिकोड मानक के अनुसार होते हैं तथा कम्प्यूटर के प्रचालन तन्त्र के स्क्रिप्ट इंजन का प्रयोग करके टैक्स्ट प्रदर्शित करते हैं, यूनिकोड फॉण्ट कहलाते हैं। वर्तमान में कम्प्यूटर एवं इण्टरनेट पर तमाम कार्यों में इन्हीं का प्रयोग होता है। यूनिकोड फॉण्टों के प्रयोग से कम्प्यूटर पर सभी जगह हिन्दी एवं अन्य भारतीय भाषाएँ वैसे ही लिखी जा सकती हैं जैसे अंग्रेजी लिखी जा सकती है। यूनिकोड फॉण्टों के कारण ही कम्प्यूटर का सम्पूर्ण ऑपरेटिंग सिस्टम (विशेषकर लिनक्स) हिन्दी भाषा में उपलब्ध हो चुका है।

कुछ प्रचलित यूनिकोड हिन्दी फॉण्ट हैं–

- मंगल फॉण्ट–विंडोज़ प्रचालन तन्त्र का डिफॉल्ट हिन्दी फॉण्ट

विंडोज़ 7 के हिन्दी फॉण्ट–

- अपराजिता
- एरियल यूनिकोड एमएस
- कोकिला
- उत्साह
- संस्कृत 2003–देवनागरी हेतु एक मुफ्त एवं सुन्दर यूनिकोड फॉण्ट
- देवनागरी एमटी–मैकिण्टोश प्रचालन तन्त्र का डिफॉल्ट हिन्दी फॉण्ट
- सिद्धान्त–संस्कृत हेतु सर्वाधिक वर्णखण्डों (ग्लिफ) वाला फॉण्ट

नॉन–यूनिकोड फॉण्ट

ये वे फॉण्ट हैं जो पुराने 8 बिट मानकों के अनुसार बने हैं। ये यूनिकोड के आने से पहले प्रचलन में लाये जाते थे। वर्तमान में कम्प्यूटर के सामान्य कार्यों एवं इण्टरनेट पर इनका स्थान यूनिकोड फॉण्टों ने ले लिया है। वर्तमान में ये केवल डीटीपी एवं ग्राफिक्स हेतु प्रयोग में लाये जाते हैं क्योंकि कई डीटीपी एवं ग्राफिक्स सॉफ्टवेयर इण्डिक यूनिकोड का समर्थन नहीं करते। इसके अतिरिक्त छपाई हेतु सुन्दर यूनिकोड फॉण्टों का अभाव भी एक कारण है जिसकी वजह से नॉन–यूनिकोड फॉण्ट अभी भी प्रयोग में लाये जाते हैं।

कुछ प्रचलित नॉन–यूनिकोड हिन्दी फॉण्ट हैं–

- कृतिदेव–एक प्रसिद्ध नॉन–यूनिकोड फॉण्ट शृंखला।
- चाणक्य–समाचार–पत्रों तथा पुस्तकों की छपाई हेतु प्रयुक्त होने वाला एक प्रचलित फॉण्ट

अधिकतर नॉन–यूनिकोड फॉण्ट रेमिंगटन लेआउट आधारित होते हैं। रेमिंगटन में टाइप करने हेतु आम तौर पर किसी अन्य औजार की आवश्यकता नहीं होती। हिन्दी के मानक कीबोर्ड लेआउट इन्स्क्रिप्ट द्वारा इन फॉण्टों में टाइप करने हेतु ई–पण्डित आइएमई नामक औजार उपलब्ध है।

मंगल फॉण्ट

'मंगल' हिन्दी (देवनागरी लिपि) के लिए एक ओपनटाइप यूनिकोड फॉण्ट है जो कि विण्डोज ऑपरेटिंग सिस्टम का डिफॉल्ट हिन्दी फॉण्ट है। यह यूजर इण्टरफेस फॉण्ट के तौर पर डिजाइन किया गया है। यह विंडोज़ एक्सपी तथा इसके उत्तरोत्तर संस्करणों (विंडोज़ विस्ता, विंडोज़ 7 आदि) में इण्डिक टैक्स्ट के वैकल्पिक समर्थन हेतु उपलब्ध करवाया गया है। यह देवनागरी लिपि में लिखी जाने वाली सभी भाषाओं जैसे हिन्दी, मराठी, नेपाली तथा संस्कृत हेतु विंडोज़ का डिफॉल्ट फॉण्ट है। यह माइक्रोसॉफ्ट कॉर्पोरेशन के द्वारा विकसित तथा मैण्टेन किया जाता है। यह माइक्रोसॉफ्ट हेतु प्रो. रघुनाथकृष्ण जोशी द्वारा विकसित किया गया था। यद्यपि यह विण्डोज के लिए बनाया गया था तथापि तकनीकी रूप से इसका उपयोग अन्य प्रचालन तन्त्रों में भी किया जा सकता है, परन्तु यह वितरण के लिए मुफ्त उपलब्ध नहीं है।

मंगल स्क्रीन रीडिंग के लिए बनाया गया है, इसमें छोटे फॉण्ट आकार में भी स्पष्ट पढ़ा जा सकता है परन्तु यह मुद्रण के कार्य हेतु उपयुक्त नहीं। मुद्रण में (विशेषकर बड़े फॉण्ट आकार में यह काफी असुन्दर लगता है)।

टाइपोग्राफिक संयुक्ताक्षरों के गलत प्रदर्शन सम्बन्धी कमी

ट्ठ = ट्ठ

मंगल द्वारा ट् + ठ = ट्ठ संयुक्ताक्षर की गलत रैण्डरिंग (बायें) जिसकी तुलना एरियल यूनिकोड एमएस (दायें) में इस संयुक्ताक्षर के सही प्रदर्शन से की गयी है। मंगल टाइपोग्राफिक संयुक्ताक्षरों को सही तरीके से सँभाल नहीं सकता जहाँ वर्ण दायें जोड़े जाते हों जैसे द, ड, ढ, ट तथा ठ के दायें जोड़े जाने वाले वर्ण जो कि एरियल यूनिकोड एमएस जो कि माइक्रोसॉफ्ट ऑफिस के साथ आता है, के द्वारा ठीक से प्रदर्शित किये जाते हैं। इसी प्रकार जिन संयुक्ताक्षरों में वर्ण नीचे जोड़े जाते हों उन्हें भी ठीक से प्रदर्शित नहीं कर पाता, इन सभी प्रकार के संयुक्ताक्षरों को संस्कृत 2003 नामक मुफ्त फॉण्ट द्वारा सही रूप से प्रदर्शित किया जा सकता है।

कृति देव (देवनागरीः कृतिदेव) देवनागरी टाइपफेस और गैर–यूनिकोड क्लिप फॉण्ट टाइपफेस जो रेमिंगटन के टाइपराइटर के कीबोर्ड लेआउट का उपयोग करता है। उत्तर भारतीय राज्यों में कई सार्वजनिक सेवा आयोग कृति देव टाइपफेस का उपयोग करके अपने क्लर्क, आशुलिपिक, डेटा एण्ट्री ऑपरेटर की टाइपिंग परीक्षा आयोजित करते हैं। कम्प्यूटर पर हिन्दी टाइपिंग के साथ ही कृति देव फॉण्ट का गहरा सम्बन्ध है। सामान्यतः हिन्दी टाइपिंग के आरम्भ में यही सिखाया जाता है। इसलिए अब भी बहुत से लोग कृति देव फॉण्ट को टैब मोबाइल में प्रयोग करना चाहते हैं। चूँकि कृति देव हिन्दी यूनिकोड फॉण्ट नहीं है इसलिए इसे फॉण्ट फोल्डर में डालने से भी यह मोबाइल में हिन्दी नहीं दर्शायेगा। इसलिए एक छोटी–सी ऐप्लीकेशन कृति देव टाइपिंग के लिए बना दी गयी है। इस ऐप्लीकेशन के माध्यम से अंग्रेजी कीबोर्ड का प्रयोग कर हिन्दी कृतिदेव फॉण्ट में लिखी जा सकती है तथा यूनिकोड में परिवर्तित भी की जा सकती है।

यूनिकोड और देवनागरी लिपि

1. यूनिकोड क्या है?

आज के दौर में यूनिकोड का उपयोग अंग्रेजी के इतर तमाम भाषाओं में कम्प्यूटर के जरिए लिखित सामग्री सरलता से तैयार करने में होता है। यूनिकोड एक टेक्नोलॉजी मानक है। यूनिकोड मानक में विश्वस्तर पर एवं प्रचलित सभी लिपियों की वर्णमालाओं के प्रत्येक अक्षर के लिए यूनिक कोड (अलग प्रकार का कोड) प्रदान किया गया है। इसलिए इसे 'यूनिवर्सल कोड' कहा जाता है।

यूनिकोड (Unicode) प्रत्येक अक्षर के लिए एक विशेष संख्या प्रदान करता है, चाहे कोई भी कम्प्यूटर प्लेटफॉर्म, प्रोग्राम अथवा कोई भी भाषा हो। यूनिकोड मानक को एप्पल, एच.पी., आई.बी.एम., माइक्रोसॉफ्ट, ऑरेकल, सैप, सन, यूनिसिम जैसी उद्योग की प्रमुख कम्पनियों ने अपनाया है। यूनिकोड आई.एस.ओ./आई.ई.सी. 10646 (ISO/IEC 10646) एक अन्तरराष्ट्रीय मानक है। यह कई संचालन प्रणालियों, सभी आधुनिक ब्राउजरों और कई अन्य उत्पादों में उपलब्ध है। यूनिकोड 10.0 वर्जन में कुल 136.690 वर्गों को जोड़ा गया है कुल 139 और इसमें स्क्रिप्ट शामिल हैं। भारतीय भाषाओं के लिए यूनिकोड एनकोडिंग के लिए UTF-8 का प्रयोग होता है।

2. यूनिकोड की आवश्यकता क्यों?

आठ–दस वर्ष पूर्व तक अंग्रेजी के अलावा किसी अन्य भाषा की लिपियों में लिखित सामग्री तैयार करनी होती थी तो उसके लिए अलग–अलग फॉण्ट के सॉफ्टवेयर खरीदने होते थे। मसलन, हिन्दी या मराठी भाषाओं के लिए आकृति, विजय आदि पचासों सॉफ्टवेयर होते थे। जिस सॉफ्टवेयर में आपने काम किया उस फाइल को किसी को भेजना हो तो सॉफ्टवेयर नहीं होने पर समस्या खड़ी हो जाती थी। उसे प्रोग्राम ट्रांसफर करना पड़ता था। समय और पैसे दोनों नष्ट होते थे। परन्तु 'यूनिकोड' के ईजाद

ने यह समस्या समाप्त कर दी। एक ही प्रोग्राम सभी कम्प्यूटरों में इंस्टॉल किया जाता है। यूनिकोड मानक सर्विक कैरेक्टर एनकोडिंग मानक है जिसका प्रयोग कम्प्यूटर प्रोसेसिंग में टेक्स्ट (पाठ) के निरूपण के लिए किया जाता है। कम्प्यूटर पर एकरूपता के लिए एकमात्र विकल्प कैरेक्टर एनकोडिंग के लिए यूनिकोड है। इससे हिन्दी तथा अन्य भारतीय भाषाओं में कम्प्यूटर पर अंग्रेजी की तरह ही सरलता से 100% कार्य किया जा सकता है, कम्प्यूटर पर हिन्दी में सभी कार्य जैसे–वर्ड प्रोसेसिंग, डेटा प्रोसेसिंग, ई–मेल, वेबसाइट निर्माण आदि किये जा सकते हैं। हिन्दी में बनी फाइलों का आसानी से आदान–प्रदान किया जा सकता है तथा हिन्दी के वर्ड्स पर गूगल या किसी अन्य सर्च इंजन पर सर्च कर सकते हैं।

भारत सरकार के गृह मन्त्रालय के अधीन कार्यरत राजभाषा विभाग ने अन्तरराष्ट्रीय स्तर पर एनकोडिंग की, एकरूपता को ध्यान में रखते हुए सभी केन्द्रीय कार्यालयों को कम्प्यूटरों में यूनिकोड एनकोडिंग प्रणाली अथवा यूनिकोड समर्थित ओपन टाइप फॉण्ट का ही प्रयोग करने के निर्देश दिये हैं। यद्यपि कम्प्यूटर परिचालन से सम्बन्धित छोटी–छोटी जानकारी के अभाव में कुछ कार्यालय अभी भी इस निःशुल्क सुविधा की जगह विभिन्न प्रकार के फॉण्ट और बहुभाषी सॉफ्टवेयरों का प्रयोग कर रहे हैं, जिससे सूचना हस्तान्तरण में तकनीकी कठिनाइयों का सामना करना पड़ता है। इस कारण हिन्दी की फाइलों को, अंग्रेजी की तरह आसानी से एक कम्प्यूटर से दूसरे कम्प्यूटर पर स्थानान्तरित (transfer) नहीं कर पाते हैं। हिन्दी पाठ (text) को दूसरे सॉफ्टवेयर में जोड़ने (paste) में भी समस्या आती है। इसलिए राजभाषा विभाग की ओर से कहा गया है कि सभी मन्त्रालय एवं अधीनस्थ कार्यालय/उपक्रम/सरकारी बैंक केवल यूनिकोड समर्थित फॉण्ट एवं यूनिकोड एनकोडिंग के अनुरूप सॉफ्टवेयर का ही प्रयोग करें। यूनिकोड एनकोडिंग को install/use करना बहुत आसान है। इसकी जानकारी राजभाषा विभाग की साइट (http:// hinditools.nic.in) पर भी उपलब्ध है।

देवनागरी यूनिकोड

- देवनागरी यूनिकोड की (रेंज) 0900 से 097F तक है। (दोनों संख्याएँ षोडषधारी हैं)
- क्ष, त्र एवं ज्ञ के लिए अलग से कोड नहीं है। इन्हें संयुक्त वर्ण मानकर अन्य संयुक्त वर्णों की भाँति इनका अलग से कोड नहीं दिया गया है।

- इस रेंज में बहुत से ऐसे वर्णों के लिए भी कोड दिये गये हैं जो सामान्यतः हिन्दी में व्यवहृत नहीं होते। किन्तु मराठी, सिन्धी, मलयालम आदि को देवनागरी में सम्यक ढंग से लिखने में व्यवहृत होते हैं।
- नुक्ता के लिए भी अलग से एक कोड दे दिया गया है। अतः नुक्तायुक्त अक्षर यूनिकोड की दृष्टि से दो प्रकार से लिखे जा सकते हैं–एक बाइट यूनिकोड के रूप में या दो बाइट यूनिकोड के रूप में। उदाहरण के लिए ज को 'ज' के बाद नुक्ता टाइप करके भी लिखा जा सकता है।

UTF-8, UTF-16, UTF-32 क्या है?

- यूनिकोड का मतलब है सभी लिपि चिह्नों की आवश्यकता की पूर्ति करने में सक्षम 'एक समान मानवीकृत कोड'।
- पहले सोचा गया था कि केवल 16 बिट के माध्यम से ही दुनिया के सभी लिपि चिह्नों के लिए अलग–अलग कोड प्रदान किये जा सकेंगे। बाद में पता चला कि यह कम है। फिर इसे 32 बिट कर दिया गया। अर्थात इस समय दुनिया का ऐसा कोई अक्षर संकेत नहीं है जिसे 32 बिट के कोड में कहीं न कहीं जगह न मिल गयी हो। यूनिकोड के तीन रूप प्रचलित हैं– UTF-8, UTF-16 और UTF-32
- आइए जानें, इनमें अन्तर क्या है? मान लीजिये, आपके पास दस पेज का कोई टेक्स्ट (पाठ) है जिसमें रोमन, देवनागरी, अरबी, गणित (संख्यात्मक) के चिन्ह आदि बहुत कुछ हैं। इन चिन्हों के यूनिकोड के कोड अलग–अलग होंगे। ध्यान देने योग्य बात यह है कि कुछ संकेतों के 32 बिट के यूनिकोड में शुरू में शून्य ही शून्य हैं (जैसे अंग्रेजी के संकेतों के लिए) । यदि शुरुआती शून्यों को हटा दिया जाये तो इन्हें केवल 8 बिट के द्वारा भी निरूपित किया जा सकता है और कहीं कोई भ्रम या विवाद नहीं होगा। इसी तरह रूसी, अरबी, हिब्रू आदि के यूनिकोड ऐसे हैं कि शून्य को छोड़ देने पर उन्हें प्रायः 16 बिट = 2 बाइट से निरूपित किया जा सकता है। देवनागरी, जापानी, चीनी, आदि को आरम्भिक शून्य हटाने के बाद प्रायः 24 बिट = तीन बाइट से निरूपित किया जा सकता है। किन्तु बहुत से संकेत होंगे जिनमें आरम्भिक शून्य नहीं होंगे और उन्हें निरूपित करने के लिए चार बाइट ही लगेंगे।

- स्पष्ट है कि प्रायः UTF-8 में एनकोडिंग करने से UTF-16 की अपेक्षा कम बिट्स लगेंगे।
- बहुत से पुराने सिस्टम 16 बिट को हैंडिल करने में अक्षम थे। वे एक बार में केवल 8–बिट के साथ ही काम कर सकते थे। इस कारण भी UTF-8 को अधिक अपनाया गया। यह अधिक प्रयोग में आता है।
- UTF-16 और UTF-32 के पक्ष में अच्छाई यह है कि अब कम्प्यूटरों का हार्डवेयर 32 बिट या 64 बिट का हो गया है। इस कारण UTF-8 की फाइलों को 'प्रोसेस' करने में UTF-16, UTF-32 वाली फाइलों की अपेक्षा अधिक समय लगेगा।

कम्प्यूटरों में हिन्दी में कार्य करने के लिए 3 कीबोर्ड विकल्प हैं :

- इंस्क्रिप्ट
- रेमिंग्टन
- फोनेटिक

इन उपकरणों एवं सेवाओं में मुख्य हैं–

- फॉण्ट, कोड परिवर्तन, वर्तनी, संशोधक, ओपनऑफिस, मैसेंजर, ई–मेल क्लाइंट, ओसीआर, शब्दकोश, ब्राउजर, ट्रांसलिटरेशन, कॉर्पोरा, शब्द–संसाधक
- यूनिकोड
- दरअसल यूनिकोड (Unicode), प्रत्येक अक्षर के लिए एक विशेष संख्या प्रदान करता है, चाहे कोई भी कम्प्यूटर प्लेटफॉर्म, प्रोग्राम अथवा कोई भी भाषा हो। यूनिकोड स्टैण्डर्ड को एप्पल, एच.पी., आई.बी.एम., जस्ट सिस्टम, माइक्रोसॉफ्ट, ऑरेकल, सैप, सन, साईबेस, यूनिसिस जैसी उद्योग की प्रमुख कम्पनियों और कई अन्य ने अपनाया है। यूनिकोड की आवश्यकता आधुनिक मानदण्डों, जैसे एक्स.एम.एल.जावा., एकमा स्क्रिप्ट (जावास्क्रिप्ट) एल.डी.ए.पी., कोर्बा 3.0, डब्ल्यू. एम.एल. के लिए होती है और यह आई.एस.ओ. / आई. ई.सी. 10646 को लागू करने का आधिकारिक तरीका है। यह कई संचालन प्रणालियों, सभी आधुनिक ब्राउजरों और कई अन्य उत्पादों में होता है। यूनिकोड स्टैण्डर्ड की उत्पत्ति और इसके सहायक

उपकरणों की उपलब्धता, हाल ही के अति महत्त्वपूर्ण विश्वव्यापी सॉफ्टवेयर प्रौद्योगिकी रुझानों में से हैं।

- यूनिकोड को ग्राहक–सर्वर अथवा बहुआयामी उपकरणों और वेबसाइटों में शामिल करने से, परम्परागत उपकरणों के प्रयोग की अपेक्षा खर्च में अत्यधिक बचत होती है। यूनिकोड से एक ऐसा अकेला सॉफ्टवेयर उत्पाद अथवा अकेला वेबसाइट मिल जाता है, जिसे री–इंजीनियरिंग के बिना विभिन्न प्लेटफॉर्मों, भाषाओं और देशों में उपयोग किया जा सकता है। इससे आँकड़ों को बिना किसी बाधा के विभिन्न प्रणालियों से होकर ले जाया जा सकता है।

यूनिकोड के लाभ

- एक ही दस्तावेज में कई भाषाओं के टेक्स्ट लिखे जा सकते हैं।
- किसी सॉफ्टवेयर–उत्पाद का एक ही संस्करण पूरे विश्व में चलाया जा सकता है। क्षेत्रीय बाजारों के लिए अलग से संस्करण निकालने की जरुरत नहीं पड़ती। इससे एकरूपता बनी रहती है। फॉण्ट हस्तान्तरण (कन्वर्जन) की समस्या नहीं होती और पैसे की भी बचत होती है। समय और श्रम की बचत तो होती ही है।
- इस प्रकार यूनिकोड प्रत्येक अक्षर के लिए एक विशेष नम्बर प्रदान करता है,
- चाहे कोई भी प्लेटफॉर्म हो,
- चाहे कोई भी प्रोग्राम हो,
- चाहे कोई भी भाषा हो।

यूनिकोड की विशेषताएँ

(1) यह विश्व की सभी लिपियों से सभी संकेतों के लिए एक अलग कोड बिन्दु प्रदान करता है।

(2) यह वर्णों (कैरेक्टर्स) को एक कोड देता है, न कि ग्लिफ (glyph) (संकेतों का समूह) को।

(3) यूनिकोड सॉफ्टवेयर भाषाओं के एकीकरण का प्रयत्न करता है। इसी नीति के तहत सभी पश्चिम यूरोपीय भाषाओं को लैटिन के अन्तर्गत समाहित किया गया है। सभी स्लाविक भाषाओं (रूसी, यूक्रेनी,

पोलिश, चेक, बोस्नी भाषाएँ स्लाविक (Slavie) भाषाएँ कहलाती हैं।) को सिरिलिक (Cyrilic) के अन्तर्गत रखा गया है; हिन्दी, संस्कृत, मराठी, नेपाली, सिन्धी, कश्मीरी आदि के लिए देवनागंरी' नाम से एक ही ब्लॉक दिया गया है; चीनी, जापानी, कोरियाई, वियतनामी भाषाओं को 'युनिहान' (UniHan) नाम से एक ब्लॉक में रखा गया है; अरबी, फारसी, उर्दू आदि को एक ही ब्लॉक में रखा गया है।

(4) विश्व की समस्त लिपियों को उनके गुणों (Syllabi) के अनुसार, यूनिकोड ने चार श्रेणियों में विभाजित किया है।

(5) बायें से दायें लिखी जाने वाली लिपियों के अतिरिक्त दायें–से–बायें लिखी जाने वाली लिपियों (अरबी, हिब्रू आदि) को भी इसमें शामिल किया गया है। ऊपर से नीचे की तरफ लिखी जाने वाली लिपियों का अभी अध्ययन किया जा रहा है।

(6) गौरतलब है, यूनिकोड केवल एक कोड–सारणी है। इन लिपियों को लिखने/पढ़ने के लिए इनपुट मेथड एडिटर और फॉण्ट–फाइलें जरूरी हैं।

(7) यूनिकोड, आस्की तथा अन्य कैरेक्टर कोडों की अपेक्षा अधिक स्मृति (मेमोरी) लेता है। कितनी अधिक स्मृति लगेगी यह इस बात पर निर्भर करता है कि आप कौन–सा यूनिकोड प्रयोग कर रहे हैं। UTF7, UTF8, UTF16 या वास्तविक यूनिकोड–एक अक्षर अलग–अलग बाइट प्रयोग करते हैं।

यूनिकोड कंसोर्टियम

- यूनिकोड कंसोर्टियम, लाभ न कमाने वाला एक संगठन है। जिसकी स्थापना यूनिकोड स्टैंडर्ड, जो आधुनिक सॉफ्टवेयर उत्पादों और मानकों में पाठ की प्रस्तुति को निर्दिष्ट करता है, के विकास, विस्तार और इसके प्रयोग को बढ़ावा देने के लिए की गयी थी। इस कंसोर्टियम के सदस्यों में, कम्प्यूटर और सूचना उद्योग के विभिन्न निगम और संगठन शामिल हैं। इस कंसोर्टियम का वित्त पोषण पूर्णतः सदस्यों के शुल्क से किया जाता है। यूनिकोड कंसोर्टियम की सदस्यता, विश्व में कहीं भी स्थित उन संगठनों और व्यक्तियों के लिए खुली है जो यूनिकोड का समर्थन करते हैं और जो इसके विस्तार और कार्यान्वयन में सहायता करना चाहते हैं।

यूनिकोड की सीमाएँ

यह विंडोज़ 98 को सपोर्ट नहीं करता। इसके लिए विंडोज़ 2000 या उससे ऊपर का कोई ऑपरेटिंग सिस्टम होना चाहिए। किसी दूसरे फॉण्ट में प्रस्तुत सामग्री को यूनिकोड में परिवर्तित करने के लिए फॉण्ट परिवर्तक की सहायता लेनी पड़ती है। इसके लिए भारत सरकार द्वारा विकसित 'परिवर्तन' और माइक्रोसॉफ्ट द्वारा विकसित 'टी.बी.आई.एल.' परिवर्तक की सहायता ले सकते हैं।

- **आकार की समस्या**–जैसे देवनागरी में आधा अक्षर = पूरा अक्षर + हलन्त के रूप में स्टोर होता है, अतः आधे अक्षर के लिए दो इकाई स्थान लगता है। इस कारण टैक्स्ट साइज बढ़ जाता है।
- बहुत से सॉफ्टवेयर यूनिकोड के 16 बिट का समर्थन नहीं करते, इनमें यूनिकोड टैक्स्ट यूटीएफ–8 के रूप में स्टोर एवं प्रोसैस होता है। यूटीएफ–8 में एक बाइट बदलकर तीन बाइट हो जाते हैं जिससे टैक्स्ट का आकार तीन गुना बढ़ जाता है। इससे कई मामलों में सेवा शुल्क भी बढ़ जाता है उदाहरण के लिए–हिन्दी एसएमएस भेजने में रोमन एसएमएस की बजाय तीन गुना शुल्क लगता है।

यूनिकोड में शामिल भारतीय भाषाएँ

यूनिकोड 5.2 में निम्नलिखित भारतीय लिपियों को कूटबद्ध किया गया है–

- देवनागरी
- बंगाली लिपि
- गुजराती लिपि
- गुरुमुखी
- कन्नड़ लिपि
- लिम्बू लिपि
- मलयालम लिपि
- उड़िया लिपि
- सिंहल लिपि
- स्यलोटी नागरी
- तमिल लिपि
- तेलुगु लिपि

यूनिकोड कंसोर्टियम द्वारा अब तक निर्धारित यूनिकोड 5.2 में देवनागरी के कुल 109 वर्णों/चिह्नों का मानकीकरण किया गया है अभी देवनागरी के बहुत से वर्ण जिनमें शुद्ध व्यंजन (हलन्त व्यंजन–आधे अक्षर) तथा कई वैदिक ध्वनि चिह्न एवं अन्य चिह्न यथा–स्वास्तिक आदि यूनिकोड में शामिल नहीं हैं। शुद्ध व्यंजनों के यूनिकोडित न होने के कारण वर्तमान में उन्हें सामान्य व्यंजन के साथ अलग से हलन्त लगाकर प्रकट किया जाता है जिससे कि टैक्स्ट का साइज बढ़ने के अतिरिक्त कम्प्यूटिंग सम्बन्धी कई समस्याएँ आती हैं।

यूनिकोड और हिन्दी फॉण्ट में अन्तर

कम्प्यूटर पर हिन्दी का प्रयोग करने के लिए दो माध्यम मौजूद हैं।

1. हिन्दी फॉण्ट का उपयोग
2. यूनिकोड का उपयोग

हिन्दी फॉण्ट का उपयोग	यूनिकोड का उपयोग
• हिन्दी फॉण्ट कम्प्यूटर आश्रित होते हैं। अर्थात जिस कम्प्यूटर पर हिन्दी फॉण्ट इन्स्टॉल किया गया है उसमें ही हिन्दी टंकण का कार्य किया जा सकेगा। यदि उस फाइल को अटैच करके किसी दूसरे को ई मेल द्वारा भेजा जाये तो दूसरे के कम्प्यूटर में वह हिन्दी में दिखेगा तभी जब उसके कम्प्यूटर में भी वह हिन्दी फॉण्ट इन्स्टॉल किया गया हो।	• यूनिकोड कम्प्यूटर आश्रित नहीं होते हैं। इसका मतलब यह हुआ कि यदि यूनिकोड समर्थित कम्प्यूटर पर हिन्दी में किये गये काम की फाइल को अटैच करके किसी दूसरे को ई–मेल द्वारा भेजा जाये तो दूसरे के कम्प्यूटर पर वह हिन्दी में ही दिखायी देगी बावजूद इसके कि उसके कम्प्यूटर पर यूनिकोड इन्स्टॉल नहीं हो। यूनिकोड इन्स्टॉल नहीं होने से दूसरा यूजर उस फाइल के हिन्दी डाटा को बदल नहीं सकेगा मगर पढ़ जरूर सकेगा।
• हिन्दी फॉण्ट इन्स्टाल करने के बाद हम सिर्फ कुछ सॉफ्टवेयर में हिन्दी टंकण का काम कर पाते हैं, यथा Ms-Word, Ms-Excel, Ms-Power-point इत्यादि। जबकि, इसका उपयोग हम ई–मेल, फेकबुक, ऑरकुट आदि स्थानों पर कतई नहीं कर पाते।	• यूनिकोड इन्स्टाल करने के बाद हम ना सिर्फ सारे सॉफ्टवेयर में हिन्दी टंकण का काम कर पाते हैं, यथा Ms-Word, Ms-Excel, Ms-Powerpoint इत्यादि साथ ही साथ इसका सरलतापूर्वक उपयोग हम ईमेल, फेकबुक, ओरकुट आदि स्थानों पर भी कर सकतें हैं।

टूल्स

निश्चित और विशेष प्रकार के काम को पूरा करने के लिए प्रयुक्त किये जाने वाले औजारों को टूल कहा जाता है। कम्प्यूटर में इसका प्रयोग सॉफ्टवेयर प्रोग्राम विकसित करने के लिए किया जाता है।

हिन्दी इण्डिक IME

इनपुट मैथड एडिटर को IME कहा जाता है। यह गूगल का लिप्यान्तरण टूल है। रोमन लिपि से देवनागरी में लिप्यान्तरित करता है। यह टूल 14 भारतीय भाषाओं को टाइप करने के लिए प्रयुक्त किया जा सकता है।

विशेषताएँ

- संस्थापन के बाद इण्टरनेट कनैक्शन की आवश्यकता नहीं।
- आसान कुंजीपटल। नये IME में गूगल ने कुंजीपटल (keyboard) दिया है जिसकी मदद से जटिल शब्द भी टाइप किये जा सकते हैं।
- शब्दकोश आधारित शब्दपूर्ति पद्धति सक्रिय है। किसी शब्द के 2–3 अक्षर टाइप करते ही इससे बन सकने वाले शब्दों के विकल्प प्रदर्शित होते हैं।
- हर शब्द के नीचे तीरनुमा आकृति है जिस पर क्लिक करने से खोज का विकल्प आता है, जिस पर फिर से क्लिक करने से उस शब्द से सम्बन्धित खोज परिणाम सामने आते हैं।
- किये गये संशोधनों को ध्यान में रखता है। अगली बार जब टाइप करते हैं तो उन्हीं शब्दों के सुझाव देता है।
- फॉण्ट चयन, साइज चयन का विकल्प उपलब्ध।
- दोनों भाषाओं के शब्द एक ही कीबोर्ड से टाइप किये जा सकते हैं।

सीमाएँ

- संस्थापित न होने की अवस्था में अन्तर्जालीय उपलब्धता निरन्तर जारी रखनी पड़ती है।
- डायल–अप कनैक्शन रोमन से देवनागरी में न बदलने के कारण उपभोक्ताओं को परेशानी होती है।

ILEAP आईलीप

यह भारतीय भाषाओं के लिए सी–डैक और mithi.com प्राइवेट लिमिटेड द्वारा विकसित शब्द संसाधक है। यह सॉफ्टवेयर व्यक्तिगत उपभोक्ताओं की आवश्यकता को ध्यान में रखकर बनाया गया है। यह स्वतन्त्र प्रकार का एप्लिकेशन है जिसका उपयोग सरलता से किया जा सकता है।

विशेषताएँ

- स्वतः स्पष्ट उपयोगकर्ता अन्तरफलक
- बहुभाषी वर्तनी परीक्षक
- कीबोर्ड लेआउटों का विकल्प
- ई–मेल के लिए भारतीय भाषाओं में सुविधा
- वेबपेज बनाने के लिए भारतीय भाषाओं में सुविधा
- बहुभाषी शब्द सम्पादक
- भारतीय भाषाओं में खोज का विकल्प
- स्टाइलों और डिजाइनों के नमूने उपलब्ध
- अक्सर प्रयुक्त शब्दों और वाक्यांशों को टाइप करने के लिए शॉर्टकट निर्धारण उपलब्ध

इण्डिक लैंग्वेज इनपुट टूल

माइक्रोसॉफ्ट इंडिक लैंग्वेज इनपुट टूल भारतीय भाषाओं हेतु एक सरल टाइपिंग टूल है। वास्तव में यह एक वर्चुअल की बोर्ड है जो कि बिना कॉपी–पेस्ट के झंझट के विंडोज़ में किसी भी एप्लिकेशन में सीधे हिन्दी में लिखने की सुविधा प्रदान करता है। यह सेवा दिसम्बर 2009 में प्रारम्भ हो गयी थी। यह टूल शब्दकोश आधारित ध्वन्यात्मक लिप्यान्तरण विधि का प्रयोग करता है अर्थात् हमारे द्वारा जो रोमन में टाइप किया जाता है, यह उसे अपने शब्दकोश से मिलाकर लिप्यान्तरित करता है तथा मिलते–जुलते शब्दों का सुझाव करता है। इस कारण से प्रयोक्ता को लिप्यान्तरण स्कीम को याद नहीं रखना पड़ता है जिससे पहली बार एवं शुरुआती हिन्दी टाइप करने वालों के लिए काफी सुविधाजनक रहता है।

इंटेलीजेंट स्क्रिप्ट मैनेजर (ISM)

एकीकरण, अपग्रेड और विभिन्न उपयोगी भारतीय भाषाओं की सेवाओं और टूल्स का स्वतः अपडेट सुनिश्चित करती है।

विशेषताएँ

- भारतीय भाषाएँ अर्थात असमिया, बंगाली, बोडो, डोगरी, गुजराती, हिन्दी, कन्नड़, कश्मीरी (देवनागरी लिपि), कश्मीरी (पश्तो–अरबी लिपि), कोंकणी, मलयालम, मणिपुरी (बंगाली लिपि), मणिपुरी (मीतेई–मायेक लिपि), मराठी, मैथिली, नेपाली, उड़िया, पंजाबी, संथाली (देवनागरी लिपि), संथाली (ओल–चिकी लिपि), संस्कृत, सिन्धी (देवनागरी लिपि), सिंधी (पश्तो अरबी), तमिल, तेलुगु, उर्दू में टाइप करना सक्षम बनाता है।
- यूनिकोड डेटा और ओपन टाइप (ओटी) फॉण्ट्स का समर्थन करता है।
- भारतीय भाषा की सामग्री तैयार करके विंडोज़ आधारित ऐप्लिकेशनों का प्रयोग सक्षम करता है।
- ई–मेलिंग, चैटिंग, खोज आदि ऐप्लिकेशनों के समर्थन के लिए वेब–ब्राउजर में टाइप करने में प्रयोग किया जा सकता है।
- रुपये के प्रतीक के नये यूनिकोड मूल्य को टाइप करना सम्भव बनाता है।
- ऑन स्क्रीन फ्लोटिंग की–बोर्ड नौसीखिये उपयोगकर्ताओं के लिए सामग्री निर्माण और की–बोर्ड की सीख में सहायक।
- ईजी फोनेटिक टाइपिंग अंग्रेजी कीबोर्ड के साथ सहज उपयोगकर्ताओं के लिए सहयोग।
- लोकप्रिय लिपि विशिष्ट कीबोर्ड लेआउट के लिए समर्थन जैसे टाइपराइटर।
- सी–डैक, जिस्ट डाटा कनवर्टर तृतीय पक्ष फॉण्ट्स (लिगेसी डेटा) को मानक यूनिकोड स्वरूप में परिवर्तित करने के लिए आईएसएम बेसिक के साथ एकीकृत किया गया है। यह उपयोगकर्ता को अंग्रेजी से भारतीय भाषाओं में और इसके विपरीत टैक्स्ट का लिप्यन्तरण करने में भी सक्षम बनाता है। यह इनपुट के रूप में निम्नलिखित फाइल स्वरूपों का समर्थन करता है–टैक्स्ट फाइल (*.txt), एक्सेल (*.xls और *.xlsx), वर्ड (*.doc और *.docx), पावरपॉइण्ट (*.ppt और *.pptx), सीएसवी (*.csv), एचटीएमएल (*.htm और *.html)। फाइलों के अलावा, यह टूल एमएस एसक्यूएल, माईएसक्यूएल और

ऑरेकल जैसे विभिन्न डेटोबेसों में डेटा के रूपान्तरण का भी समर्थन करता है।

फोटोशॉप में हिन्दी फॉण्ट की समस्या एवं निदान

हिन्दी टाइपिंग की समस्याएँ हैं भिन्न–भिन्न टाइपिंग विधियाँ। ध्यातव्य है कि इसमें विभिन्न कीबोर्ड मैपिंग और यूनिकोड फॉण्ट की कार्य प्रणाली इसे पेंचीदा कर देती है।

कीबोर्ड मैपिंग

अलग–अलग फॉण्ट में टाइप करने की कार्यविधि अलग–अलग है। अगर आप कुण्डली में टाइप करके चाणक्य फॉण्ट या किसी अन्य फॉण्ट का चुनाव करते हैं तो आपके द्वारा टाइप किये गये अक्षरों से भिन्न अक्षर या शब्द दिखायी देंगे। एक ही शब्द के लिए विभिन्न फॉण्ट में आपको कीबोर्ड से अलग–अलग अक्षरों का इस्तेमाल करना होगा। उदाहरण हेतु नीचे तस्वीर को देखें–

(कृति देव, यूनिकोड और चाणक्य फॉण्ट में लिखा हुआ 'हिन्दी' शब्द)

इसका समाधान यह है कि हम किसी फॉण्ट परिवर्तक (Hindi Font Converter) का उपयोग करें। उदाहरण के तौर पर, अगर आपने 'कुण्डली' में टाइप किया है और किसी अन्य फॉण्ट के इस्तेमाल में परेशानी आ रही हो तो कनवर्टर का इस्तेमाल करके देखें।

फाण्ट परिवर्तक

- अगर कोई टेक्स्ट (पाठ) किसी जगह पर किसी ऐसे फान्ट को प्रयोग कर के लिखा गया है जो कि यूनिकोड नहीं है तो फॉण्ट परिवर्तन प्रोग्रामों का प्रयोग करके उसे यूनिकोड में बदला जा सकता है। फॉण्ट आदि की समस्या न हो, इसीलिए यूनिकोड में काम करने की आवश्यकता है। इसी वजह से भारत सरकार के कार्यालयों में यूनिकोड का प्रयोग हो रहा है।

दरअसल इण्टरनेट, वेबसाइट या ब्राउजर पर लिखने–पढ़ने हेतु यूनिकोड फॉण्ट ही ज्यादातर उपयोग में लाये जाते हैं। इसका मुख्य कारण यह होता है कि पाठक को अलग से कोई फॉण्ट इन्स्टॉल न करना पड़े। अब समस्या यह आती है कि वेबसाइट या किसी वर्ड–प्रोसेसर (MS-Word इत्यादि) में तो सरलता से यूनिकोड में लिख सकते हैं (जैसे मंगल फॉण्ट), परन्तु Photoshop में सीधा प्रयोग नहीं कर सकते और आप अगर कहीं से कॉपी–पेस्ट करते भी हैं तो मात्रा, रेफ, संयुक्त अक्षर इत्यादि में उलट–फेर सबसे बड़ी समस्या है। उदाहरण हेतु निम्न तस्वीर देखें–

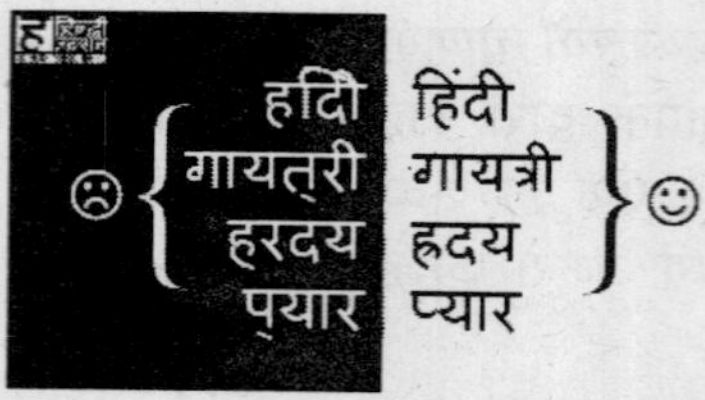

अक्षरों और वर्णों में आयीं समस्याएँ

दूसरी बड़ी समस्या यह है कि जिन्हें कुण्डली या अन्य किसी फॉण्ट में टाइपिंग नहीं आती उन्हें लिप्यान्तरण की मदद से मंगल जैसे फॉण्ट से ही काम चलाना पड़ता है जिसमें उपरोक्त त्रुटियाँ आ ही जाती हैं।

1. यूनिकोड से चाणक्य/कुण्डली/कृतिदेव परिवर्तक (Font Converter) : अगर आप दिये गये फॉण्ट में टाइप नहीं कर सकते या अगर यह आपको पेंचीदा लगता है तो आप फॉण्ट परिवर्तक की सहायता ले सकते हैं। आप उपरोक्त लिंक पर जाकर यूनिकोड टाइपिंग विधि से जो भी शब्द/वाक्य लिखना चाहते हैं लिख लें। फिर उसे मनचाहे फॉण्ट में बदल लें। अब उसे कॉपी करके फोटोशॉप में पेस्ट कर दें और वही फॉण्ट या उस पर आधारित अपना मनपसन्द फॉण्ट चुन लें।

2. सीधा Photoshop में यूनिकोड टाइपिंग : यह सुविधा फोटोशॉप में पहले नहीं थी परन्तु Creative Cloud 2015 और इसके पश्चात आने वाले सभी संस्करणों में आप सीधा फोटोशॉप में ही हिन्दी टाइप कर सकते हैं।

वैज्ञानिक एवं तकनीकी हिन्दी (प्रतिबिम्बित जालस्थल)–यहाँ भी बहुत से फॉण्ट परिवर्तक हैं जिन्हें डाउनलोड करके प्रयोग किया जा सकता है।

फॉण्ट परिवर्तक प्रोग्राम

- फॉण्ट कन्वर्टर फाइलें सीधे ऑनलाइन प्रयोग करें।
- फॉण्ट कन्वर्टर फाइलें सीधे ऑनलाइन प्रयोग करने का एक और वैकल्पिक जालस्थल।
- Sil Converter : कृतिदेव, शुषा इत्यादि फॉण्टों को यूनिकोड में 100% शुद्धता से परिवर्तित करने वाला कन्वर्टर (SIL द्वारा विकसित)
- सिल कन्वर्टर + गूगल तकनीकी हिन्दी समूह फॉण्ट कन्वर्टर = पाठ फॉर्मेटिंग सुविधा सहित दर्जनों फॉण्ट कन्वर्टर।
- Hindi Font Indentifier and Unicode Converter (पंजाबी विश्वविद्यालय, पटियाला)
- TBIL Data Converter: Transliteration between data in font/ASCII/ Roman format in Office documents into a Unicode form in any of 7 Microsoft-supported Indian languages
- Convert from non-unicode to unicode and vice-versa, and also conversion among non-unicode fonts (Online)
- Shusha, Jagaran, Nai Duniya, Sahara, Bhaskar Fonts -Unicode (Online)
- Legacy -Unicode, from Indictrans (Online)-can convert html or text files.
- हिन्दी से पंजाबी अनुवाद एवं लिप्यन्तरण प्रणाली – इसकी सहायता से कृति देव कुंजीपटल द्वारा यूनिकोडित हिन्दी लिखी जा सकती है।
- AksharVividha (अक्षरविविधा) : Devnagari Font Conversion of All Major Fonts
- Legacy -Unicode, from Janabhaarati (Online)-abhee theek se kaam nahee kar rahaa.
- Unicode Converter (Online): Convert Some Hindi and Other Indian language fonts into Unicode. यह फॉयरफॉक्स के एक्सटेंशन (ऐड–आन) के रूप में उपलब्ध है।
- Font Convertion among major Hindi Fonts from LTRC, IIIT (online)
- Hindi Lekhak 4.17 – कृति देव एवं चाणक्य फॉण्ट हेतु ऑनलाइन

टाइपिंग औजार एवं फॉण्ट परिवर्तक।

- कृति देव 10 से यूनिकोड और यूनिकोड से कृति देव हिन्दी फॉण्ट परिवर्तक।
- चाणक्य से यूनिकोड और यूनिकोड से चाणक्य हिन्दी फॉण्ट परिवर्तक।
- 4सी गांधी से यूनिकोड और यूनिकोड से 4सी गांधी हिन्दी फॉण्ट परिवर्तक।
- कृतिदेव–010 से यूनिकोड एवं चाणक्य फॉण्ट परिवर्तक

हिन्दी के विकास में यूनिकोड की भूमिका

कुछ समय पूर्व तक कम्प्यूटर की भाषा अंग्रेजी मानी जाती थी। इसका मुख्य कारण था–कम्प्यूटर का विकास उन देशों में होना, जिनकी भाषा रोमनलिपि पर आधारित थी। इसका अर्थ यह कदापि नहीं है कि अंग्रेजी भाषा कम्प्यूटर के लिए आदर्श भाषा है। कम्प्यूटर की भाषा (0 और 1) दो संकेतों की गणितीय भाषा है। जिस प्रकार रोमनलिपि पर आधारित भाषाओं को कम्प्यूटर के लिए विकसित किया गया, और नाम दिया गया आस्की–7 (ASCII अर्थात् American Standard Code for Information Interchange) कोडिंग प्रणाली, ठीक उसी प्रकार हिन्दी और अन्य भारतीय भाषाओं के लिए आई.आई.टी कानपुर ने इस्की–8 (ISCII & Indian Standard Code for Information Interchange) कोडिंग प्रणाली की परिकल्पना की। इसे विकसित करते समय आई.आई.टी. के वैज्ञानिकों ने दो बातों का विशेष खयाल रखा–

1. भारतीय भाषाओं के लिए निर्धारित की जाने वाली कोडिंग प्रणाली में रोमन लिपि के समावेश की भी सुविधा।
2. रोमनलिपि के लिए विकसित क्वेर्टी कुंजीपटल (Qwerty Keyboard) में ही हिन्दी और भारतीय भाषाओं में टाइप करने की सुविधा।

ताकि भारतीय भाषाओं और रोमन में लिखी जाने वाली भाषाओं में सह–अस्तित्व की भावना विकसित हो सके और हिन्दी तथा अंग्रेजी दोनों भाषाओं में साथ–साथ काम किया जा सके। लेकिन विडम्बना यह थी कि इस्की–8 के बावजूद अधिकांश उपयोगकर्ता कम्प्यूटर पर हिन्दी में केवल टाइप ही कर पाते थे, पावर पॉइण्ट, ऐक्सेल और ऐक्सेस आदि का उपयोग नहीं कर पाते थे।

वैश्वीकरण के इस युग में (आस्की–7 और इस्की–8) के अतिरिक्त एक ऐसी मानक कोडिंग प्रणाली की आवश्यकता अनुभव की गयी, जिसकी सहायता से विश्व की सभी भाषाओं में कम्प्यूटर पर सह–अस्तित्व की भावना से काम किया जा सके और यूनिकोड (16 बिट) का विकास हुआ।

यूनिकोड में भारतीय भाषाओं को इस्की–8 के प्रसार में सूचना प्रौद्योगिकी की भूमिका अहम हो गयी है व भाषाओं के मानकीकरण का कार्य आसान हो गया है।

हिन्दी यूनिकोड के अस्तित्व में आने के बाद अब हर कम्प्यूटर, लैपटॉप यहाँ तक की स्मार्ट फोन पर भी हिन्दी में काम करना व करवाना कोई बड़ा मुद्दा नहीं रह गया है। यूनिकोड एक अन्तरराष्ट्रीय मानक कोड है जिसमें हिन्दी व अन्य भारतीय भाषाओं सहित विश्व की लगभग 200 भाषाओं के लिए कोड निर्धारित किये गये हैं। चूँकि कम्प्यूटर मूल रूप से किसी भाषा से नहीं बल्कि, अंकों से सम्बन्ध रखता है, इसलिए हम किसी भी भाषा को एनकोडिंग व्यवस्था के तहत मानक रूप प्रदान कर सकते हैं। साथ ही इसी आधार पर उनके लिए फॉण्ट भी निर्मित किये जा सकते हैं, जैसे अंग्रेजी भाषा अथवा रोमन लिपि के लिए एरियल फॉण्ट की एनकोडिंग की गयी है, उसी तरह हिन्दी और अन्य भारतीय भाषाओं के लिए निर्मित आधुनिक यूनिकोड फॉण्ट्स की भी एनकोडिंग की गयी है जिसे अन्तरराष्ट्रीय स्तर पर एप्पल, आइबीएम, माइक्रोसॉफ्ट, सैप, साइबेस, यूनिसिस जैसी सूचना प्रौद्योगिकी उद्योग की प्रमुख कम्पनियों ने अपनाया है–मानकीकरण का यह कार्य अमेरिका स्थित यूनिकोड कंसोर्टियम द्वारा किया जाता है जो कि लाभ ना कमाने वाली एक संस्था है। भारत सरकार के इलेक्ट्रॉनिकी विभाग ने भी इस कंसोर्टियम के जरिये हिन्दी के यूनिकोड फॉण्ट जैसे मंगल, कोकिला, एरियल यूनिकोडएमएस, आदि की एनकोडिंग करायी है जिसकी वजह से आधुनिक कम्प्यूटरों में यह फॉण्ट पहले से ही विद्यमान होते हैं। यूनिकोड 16 बिट की एक एनकोडिंग व्यवस्था है जो कि पाली और प्राकृत जैसी प्राचीन भाषाओं से भी परिचित है। इसकी विशेषता यह है कि एक कम्प्यूटर के पाठ को दुनिया के किसी भी अन्य यूनिकोड आधारित कम्प्यूटर पर खोला व पढ़ा जा सकता है। इसके लिए अलग से उस भाषा के फॉण्ट का प्रयोग करने की अनिवार्यता नहीं होती; क्योंकि यूनिकोड केन्द्रित हर फॉण्ट में सिद्धान्ततः विश्व की हर भाषा के अक्षर मौजूद होते हैं। यूनिकोड आधारित कम्प्यूटरों में प्रत्येक कार्य भारत की किसी भी भाषा में किया जा सकता है, बशर्ते कि ऑपरेटिंग सिस्टम' पर इन्स्टॉल सॉफ्टवेयर यूनिकोड व्यवस्था आधारित हो। आज बाजार में आने वाला हर नया कम्प्यूटर व अन्य गैजट ना सिर्फ हिन्दी, बल्कि दुनिया की अधिकतर भाषाओं में कार्य करने में सक्षम है क्योंकि यह सभी लिपियाँ यूनिकोड मानक में शामिल हैं।

मौजूदा समय में हिन्दी 'ग्लोबल हिन्दी' में परिवर्तित हो गयी है, आज तकनीकी विकास के युग में दूसरे देशों के लोग भी, भले ही विपणन के लिए ही सही, हिन्दी भाषा सीख रहे हैं। आज स्थिति यह है कि भारत व चीन के व्यवसायिक सम्बन्धों को बढ़ाने की सम्भावनाओं की तलाश के लिए लगभग दस हजार लोग पेइचिंग में हिन्दी सीख रहे हैं। आज से लगभग 45 वर्ष पूर्व कम्प्यूटर पर हिन्दी में कार्य आरम्भ हुआ और इसी तरह एनकोडिंग व डिकोडिंग के माध्यम से विश्व की विभिन्न भाषाएँ भी कम्प्यूटर पर सुलभ होने लगीं, इस तकनीकी विकास ने भारतीय भाषाओं को जोड़ा है, कम्प्यूटर के माध्यम से विभिन्न सॉफ्टवेयरों, सी–डैक संस्था के हिन्दी सीखने–सिखाने के विभिन्न कम्प्यूटरीकृत कार्यक्रमों जैसे– प्रबोध, प्रवीण व प्राज्ञ पाठ्यक्रमों के लिए लीला वाचिक तकनीक के प्रयोग ने भाषा सीखने की प्रक्रिया को विभिन्न भाषा माध्यमों से बिलकुल आसान बना दिया जिससे भाषायी निकटता का उदय हुआ, जिसकी वजह से भाषायी एकता आना स्वाभाविक था।

वर्तमान समय में मोबाइल फोन ने लैण्डलाइन फोन का स्थान ले लिया है। मोबाइल फोन पर हिन्दी समर्थन हेतु निरन्तर कार्य चल रहा है। कई मोबाइल कम्पनियाँ, सोनी, नोकिया, सैमसंग आदि हिन्दी टंकण, हिन्दी वॉयस सर्च व हिन्दी भाषा में इण्टरफेस की सुविधा प्रदान कर रही हैं। इसके साथ ही आज आइ पैड पर हिन्दी लिखने की सुविधा उपलब्ध है। अंग्रेजी के साथ–साथ आज हिन्दी भाषा का भी नेटवर्क पूरे विश्व में फैलता जा रहा है। जागरण, वेब दुनिया, नवभारत टाइम्स, विकिपीडिया हिन्दी, भारत कोश, कविता कोश, गद्य कोश, हिन्दी नेक्स्ट डॉट कॉम, हिन्दी समय डॉट कॉम, आदि इण्टरनेट साइटों पर हिन्दी सामग्री देखी जा सकती है। आज विज्ञापन से सम्बन्धित एसएमएस से खाता–शेष तक हिन्दी तथा क्षेत्रीय भाषाओं में प्राप्त किया जा सकता है। भारत सरकार के गृह मन्त्रालय के तहत कार्यरत सी–डैक (पुणे) बाइस भाषाओं में अपनी विभिन्न तकनीकी आयामों से वेबसाइटों, सॉफ्टवेयरों, रिपोर्टों, महाराष्ट्र सरकार की मराठी भाषा में तथा असम सरकार की असमिया भाषा में वेबसाइट निर्माणों, रिजर्व बैंक के राजभाषा रिपोर्ट जेनेरेशन सॉफ्टवेयर (आरआरजीएस) निर्माण आदि के कार्य कर भाषायी एकता के क्रम में योगदान कर रहा है।

हिन्दी के बड़े बाजार की नब्ज को देखते हुए माइक्रोसॉफ्ट ने अपने सॉफ्टवेयर उत्पादों से सम्बन्धित सहायक साहित्य तथा मार्गदर्शक सूत्रों को विशेषज्ञों की सहायता से हिन्दी में उपलब्ध कराने का प्रयत्न शुरू किया

गया है। बहुप्रचलित विंडोज़ विस्टा व विडोंज 7 जैसे ऑपरेटिंग सिस्टम के साथ एमएस वर्ड, पावर पॉइण्ट, एक्सेल, नोटपैड, इण्टरनेट एक्सप्लोरर जैसे प्रमुख सॉफ्टवेयर उत्पाद अब हिन्दी में कार्य करने की सुविधा प्रदान करते हैं। माइक्रोसॉफ्ट का लैंग्वेज इंटर्फेस पैकेज स्थानीयकरण का बेहतर उदाहरण है।

गृह मन्त्रालय के राजभाषा विभाग ने अपनी वेबसाइट http://www.rajbhasha.nic.in पर राजभाषा हिन्दी में कार्य करने को आसान बनाने के उद्देश्य से हिन्दी में कई सॉफ्टवेयर उपलब्ध कराये हैं। जिसमें से निम्नलिखित प्रमुख हैं–

1. सर्वप्रथम हम 'लीला' सॉफ्टवेयर की बात करेंगे। LILA अर्थात Learn Indian Languages with Artificial Intelligence, एक स्वयं शिक्षण मल्टीमीडिया पैकेज है। यह राजभाषा विभाग द्वारा तैयार किया गया एक निःशुल्क सॉफ्टवेयर है जिसके द्वारा प्रबोध, प्रवीण व प्राज्ञ स्तर के हिन्दी के पाठ्यक्रमों को विभिन्न भारतीय भाषाओं जैसे कन्नड़, मलयालम, तमिल, तेलुगु, बांग्ला आदि के माध्यम से सीखने, ऑनलाइन अभ्यास, उच्चारण सुधार, स्वमूल्यांकन आदि की सुविधा उपलब्ध है।
2. 'मन्त्र' अर्थात Machine Assisted Translation Tool सी–डैक द्वारा विकसित एक मशीनी अनुवाद सॉफ्टवेयर है। यह राजभाषा विभाग द्वारा विकसित एक मशीनी अनुवाद सॉफ्टवेयर है जो प्रशासनिक, वित्तीय, कृषि, लघु–उद्योग, सूचना प्रौद्योगिकी, स्वास्थ्य रक्षा, शिक्षा एवं बैंकिंग क्षेत्रों के दस्तावेजों का अंग्रेजी से हिन्दी में अनुवाद करता है। 'मन्त्र' राजभाषा इण्टरनेट संस्करण का डिजाइन व विकास थिन क्लाइंट आर्किटेक्चर पर आधारित है, इसमें सम्पूर्ण अनुवाद प्रक्रिया सर्वर पर होती है, इसलिए दूरवर्ती स्थानों में भी इण्टरनेट उपलब्ध लो एण्ड सिस्टम पर भी दस्तावेजों का अनुवाद करने की इस सुविधा का उपयोग किया जा सकता है।
3. श्रुतलेखन एक सतत स्पीकर इण्डिपेंडेण्ट हिन्दी स्पीच रिकगनिशन सिस्टम है, जिसका विकास सी–डैक, पुणे के एलाइड ए.आइ ग्रुप ने राजभाषा विभाग, गृह मन्त्रालय, भारत सरकार के सहयोग से किया गया है। यह स्पीच टू टेक्सट टूल है, इस विधि में प्रयोक्ता माइक्रोफोन में बोलता है तथा कम्प्यूटर में मौजूद स्पीच टू टेक्स्ट प्रोग्राम उसे प्रोसेस कर पाठ/टेक्स्ट में बदल कर लिखता है।

4. वाचान्तर ध्वनि से पाठ में अनुवाद प्रणाली है जिसमें दो प्रौद्योगिकों का समावेश है। यह उपकरण अंग्रेजी स्पीच से हिन्दी अर्थ अनुवाद हेतु उपलब्ध कराया जाता है।

5. सी–डैक पुणे के तकनीकी सहयोग से ई–महाशब्दकोश का निर्माण किया गया जो की राजभाषा की साइट पर निःशुल्क उपलब्ध है। यह एक द्विभाषी–द्विआयामी उच्चारण शब्दकोश है जिसके द्वारा हिन्दी या अंग्रेजी अक्षरों द्वारा शब्द की सीधी खोज की जा सकती है।

अनुवाद दो भाषाओं के बीच सेतु का कार्य करता है। तकनीकी के उत्तरोत्तर विकास द्वारा मशीनी अनुवाद टूल बनाना सम्भव हो सका। आज विश्व के कई देशों के पास अत्यन्त ही सक्षम अनुवाद टूल हैं। इनकी सहायता से वैश्विक मंचों पर विभिन्न देशों का आपसी मिलन आसानी से सम्भव हुआ है। भारत में भी अनुवाद टूल बनाने की दिशा में कई सॉफ्टवेयर बनाये गये हैं जिनमें सी–डैक, आई.आई.टी. कानपुर, आई.आई.टी. मुम्बई जैसी संस्थाओं की अहम भूमिका है।

इसके अलावा हिन्दी में शब्द संसाधन के लिए विशेष रूप से तैयार ई–पुस्तक, राजभाषा विभाग की साइट पर उपलब्ध है–परस्पर भाषायी आदान–प्रदान के क्रम में भी तकनीकी विकास हुआ है। गूगल ट्राँसलेट के माध्यम से विभिन्न भाषाओं का अनुवाद किया जा सकता है। आज हमारे पास लिपियों को बदलने का सॉफ्टवेयर 'गिरगिट' उपलब्ध है। भारतीय भाषाओं के बीच अनुवाद करने हेतु 'अनुसारक' नाम का सॉफ्टवेयर मौजूद है। हिन्दी ऑप्टिकल कैरेक्टर के माध्यम से हिन्दी ओसीआर इनपुट करके ओसीआर आउटपुट में 15–16 वर्ष के पहले की सामाग्री को भी परिवर्तित किया जा सकता है। सी–डैक के श्रुतलेखन सॉफ्टवेयर से भाषण/स्पीच से पाठ रूप में पहुँचा जा सकता है। गूगल के टूलों में वाचक, प्रवाचक, गूगल टेक्स्ट टू स्पीच के जरिये पाठ से भाषण की सुविधा उपलब्ध है व गूगल के वॉयस टाइपिंग के जरिये स्पीच को टेक्स्ट में बदलने की सुविधा उपलब्ध है। गूगल वॉयस टाइपिंग में गूगल डॉक्स के द्वारा हम अपनी आवाज के माध्यम से टाइपिंग करने का आनन्द उठा सकते हैं।

सर्च इंजन

ऐसे कम्प्यूटर प्रोग्राम **खोजी इंजन** (Search Engine) कहलाते हैं जो किसी कम्प्यूटर सिस्टम पर भण्डारित सूचना में से वांछित सूचना को ढूँढ़ निकालते हैं। ये इंजन प्राप्त परिणामों को प्रायः एक सूची के रूप में प्रस्तुत करते हैं जिससे वांछित सूचना की प्रकृति और उसकी स्थिति का पता चलता है। खोजी इंजन किसी सूचना तक अपेक्षाकृत बहुत कम समय में पहुँचने में हमारी सहायता करते हैं। वे 'सूचना ओवरलोड' से भी हमें बचाते हैं।

खोजी इंजन का सबसे प्रचलित रूप 'वेब खोजी इंजन' है जो वर्ल्ड वाइड वेब पर सूचना खोजने के लिए प्रयुक्त होता है।

2007 के अन्त तक, गूगल सभी लोकप्रिय वेब खोज इंजनों से काफी आगे निकल गया था। देश के कई विशिष्ट खोज इंजन प्रमुख कम्पनी बन गये। उदाहरण के तौर पर जनवादी गणराज्य चीन में सबसे लोकप्रिय खोज इंजन बैदु (Baidu) और भारत में guruji.com (guruji.com)

एक खोज इंजन, निम्नलिखित आदेश से संचालित होता है–

1. वेब क्रॉलिंग (Web crawling)
2. अनुक्रमण (Indexing)
3. खोज रहा है (Searching)

वेब खोज इंजन कई वेब पन्नों में संगृहीत सूचनाओं के आधार पर कार्य करतें हैं जो अपने डब्लू डब्लू डब्लू से पुनः प्राप्त करते हैं। ये पन्ने वेब क्रॉलर (Web crawler) के द्वारा प्राप्त हैं (कभी–कभी मकड़ी के नाम से जाना जाता है); एक स्वचालित वेब ब्राउजर जो हर कड़ी को देखता है robots.txt (robots.txt) के प्रयोग से निवारण किया जा सकता है।

जब कोई उपयोगकर्ता खोज इंजन में पूछताछ (query) के लिए प्रवेश करता है (आमतौर पर मुख्य शब्दों (keyword) का प्रयोग करके),

खोज मशीन इसकी विषय सूची (index) की परीक्षा करता है और इसके मानदण्डों के अनुसार उपयुक्त वेब पन्नों को सूचीबद्ध करता है, सामान्यतः एक छोटे सारांश के साथ जो प्रलेख के शीर्षकों और पाठ के भागों पर आधारित होता है। अधिकतर सर्च इंजन बुलियन संचालक (boolean operators) AND, OR and NOT को खोज जिज्ञासा (search query) शान्त करने के लिए समर्थन करते हैं। कुछ सर्च इंजन उन्नत किस्म के संचालक उपलब्ध कराते हैं जिसे प्रोक्सिमिटी खोज (proximity search) कहा जाता है जो उपभोक्ता को कीवर्ड्स की दूरियों को परिभाषित करने में सहायता करता है।

सी–डैक

प्रगत संगणन विकास केन्द्र (सी–डैक) इलेक्ट्रॉनिकी और सूचना प्रौद्योगिकी मन्त्रालय की एक प्रधान अनुसन्धान विकास संस्था है, जो सूचना प्रौद्योगिकी, इलेक्ट्रॉनिक्स तथा सम्बद्ध क्षेत्रों में अनुसन्धान कार्य करती है। सी–डैक के विभिन्न क्षेत्रों का विकास अलग–अलग समयों में हुआ है, जिनमें से कई क्षेत्र, तत्कालीन माँग के परिणामस्वरूप उभर कर सामने आये हैं।

- सी–डैक की स्थापना वर्ष 1988 में अमेरिका द्वारा सुपर कम्प्यूटर निर्यात करने से इन्कार करने के फलस्वरूप सुपर कम्प्यूटर के निर्माण हेतु की गयी। तब से लेकर आज तक सी–डैक ने 1988 में 1 GF वाले PARAM (परम) के निर्माण के बाद इसकी कई पीढ़ियों का निर्माण किया।
- लगभग इसी समय सी–डैक ने GIST ग्रुप (ग्राफिक्स एवं इण्टैलिजैंस आधारित लिपि प्रौद्योगिकी) की स्थापना के साथ भारतीय भाषा संगणन की शुरुआत की। वर्ष 1985 में स्थापित राष्ट्रीय सॉफ्टवेयर प्रौद्योगिकी केन्द्र (NCST) ने भी इसी समय भारतीय भाषा के संगणन पर कार्य करना आरम्भ किया।
- विभिन्न राज्य इलेक्ट्रॉनिक निगमों की सहायक इकाइयों के रूप में प्रारम्भ विभिन्न घटकों वाले भारतीय इलेक्ट्रॉनिकी अनुसन्धान एवं विकास केन्द्र (ईआर एवं डीसीआई) को 1988 के लगभग इलेक्ट्रॉनिकी एवं दूरसंचार विभाग (अब एमईआईटीवाई) के अन्तर्गत लाया गया। वे प्रयुक्त इलेक्ट्रॉनिक्स, प्रौद्योगिकी एवं अनुप्रयोगों के विभिन्न पहलुओं पर ध्यान केन्द्रित कर रहे थे।
- सी–डैक में स्थापित रचनात्मक पारिस्थितिक तन्त्र के परिणामस्वरूप समय बीतने के साथ, स्वास्थ्य, सूचना, विज्ञान जैसे अधिक क्षेत्रों को बनाया गया; शुरुआत से ही एनसीएसटी का ध्यान सॉफ्टवेयर टैक्नोलॉजीज पर था; इसी तरह सी–डैक ने 1994 में अपनी शिक्षा और प्रशिक्षण गतिविधियों को समय के साथ एक स्पिन–ऑफ के

रूप में शुरू किया, इसके द्वारा भारतीय उद्योग की बढ़ती जरूरतों को पूरा करने के लिए बड़े प्रयासों में वृद्धि हुई।

सी–डैक आज देश में आईसीटी व ई (सूचना, संचार प्रौद्योगिकी एवं इलेक्ट्रॉनिकी) में एक प्रमुख अनुसन्धान व विकास संस्थान के रूप में उभरा है। यह इन क्षेत्रों में वैश्विक विकास के सन्दर्भ में राष्ट्रीय प्रौद्योगिकी क्षमताओं को मजबूत करने के लिए काम कर रहा है तथा चयनित बुनियादी क्षेत्रों में बाजार की आवश्यकता में बदलाव को ध्यान में रख रहा है। इस प्रक्रिया में, सूचना प्रौद्योगिकी में राष्ट्र की नीति तथा व्यावहारिक उपायों और पहलों को लागू करने के लिए सी–डैक एमईआईटीवाई के साथ निकटता से काम करते हुए एक अनूठे पहलू का प्रतिनिधित्व करता है। अपनी मूल संस्था, इलेक्ट्रॉनिकी और सूचना प्रौद्योगिकी मन्त्रालय, भारत सरकार तथा वित्त पोषित एजेंसियों, सहयोगियों, उपयोगकर्ताओं और बाजार–स्थल सहित अन्य हितधारकों से प्राप्त कार्य–आदेश के अनुसार, सी–डैक अत्याधुनिक अनुसन्धान और विकास के लिए एक संस्थान के रूप में प्रौद्योगिकियों को उभारने/सक्षम करने में सूचना, संचार प्रौद्योगिकी और इलेक्ट्रानिकी (आईसीटी व ई) क्रान्ति, सतत क्षमता निर्माण तथा अर्थव्यवस्था के विभिन्न क्षेत्रों के लिए उत्पाद एवं समाधानों को विकसित और परिनियोजित करने के लिए अपनी विशेषज्ञता, क्षमता और कौशल में नयापन लाने तथा लाभ उठाने में सबसे आगे है।

उत्पाद एवं सेवा

- उन्नत सक्षम कम्प्यूटिंग, ग्रिड और क्लाउड कम्प्यूटिंग
- बहुभाषी कम्प्यूटिंग एवं विरासत कम्प्यूटिंग
- व्यावसायिक इलेक्ट्रॉनिकी, वीएलएसआई एवं अन्तः स्थाापित प्रणालियाँ
- फॉस सहित सॉफ्टवेयर प्रौद्योगिकियाँ
- साइबर सुरक्षा और साइबर फोरेंसिक
- स्वास्थ्य सूचना विज्ञान
- शिक्षा एवं प्रशिक्षण
- श्रुतलेखन–राजभाषाः हिन्दी श्रुतलेखन सॉफ्टवेयर
- मन्त्र–राजभाषा : एक मशीनी अनुवाद तन्त्र
- ई–महाशब्दकोश : एक ऑनलाइन ज्ञानकोश
- लीलाः राजभाषा मल्टीमीडिया प्रशिक्षण

- वाचान्तर राजभाषाः श्रुतलेखन सॉफ्टवेयर
- अंग्रेजी स्पीच–हिन्दी टैक्स्ट

6909 भाषाओं की इस दुनिया को तकनीक ने बहुत आसान बना दिया है। हमें चाहे किसी भाषा का ज्ञान ना भी हो, तब भी आज घर बैठे हम दूर–दराज के विदेशियों से बातचीत कर पाते हैं। यह मौजूदा ट्रांसलेशन सॉफ्टवेयर्स या ऐप्स के जरिए ही सम्भव हो पाया है। इन ट्रांसलेशन एप्स के जरिए ना केवल दूसरी भाषाओं को आसानी से समझा जा सकता है, बल्कि ये कुछ एडवांस फीचर्स भी प्रदान करती हैं। इससे अनुवाद से जुड़े हमारे काम बेहद आसान हो सकते हैं।

गूगल ट्रांसलेट

अनुवाद के लिए सबसे अधिक पसन्द और इस्तेमाल की जाने वाली यह एप एण्ड्रॉयड और आईओएस पर मुफ्त उपलब्ध है।

विशेषताएँ

- गूगल ट्रांसलेट 103 भाषाओं को सपोर्ट करता है।
- इसकी खास बात यह भी है कि आप इसका प्रयोग ऑफलाइन भी कर सकते हैं। यह एप 52 भाषाओं में ऑफलाइन अनुवाद करने में सक्षम है।
- इसका सबसे कामगार फीचर कैमरा मोड कहा जा सकता है। इस मोड की मदद से आपको सिर्फ टेक्स्ट की पिक्चर खींचनी होगी। पिक्चर में उपलब्ध टेक्स्ट का अनुवाद ही इस मोड की खासियत है।

माइक्रोसॉफ्ट ट्रांसलेटर

गूगल के बाद माइक्रोसॉफ्ट बेहतर ट्रांसलेशन एप की लिस्ट में आता है। यह एप 60 भाषाओं में अनुवाद करता है।

विशेषताएँ

- स्प्लिट स्क्रीन मोड इस एप की खासियत कही जा सकती है। इस फीचर के तहत स्मार्टफोन की स्क्रीन दो भागों में बँट जाती है। उदाहरण के लिए, अगर किसी से बात की जा रही है तो एक स्क्रीन आपके चैट बॉक्स की होगी और दूसरी स्क्रीन आपके मित्र के चैट बॉक्स की। इसके बाद अगर वो मित्र कोई दूसरी भाषा समझता

है तो, आप अपनी भाषा में टेक्स्ट लिखेंगे और आपके मित्र को वो टेक्स्ट उसकी भाषा में ट्रांसलेट हो कर जायेगा।

- गूगल ट्रांसलेट की ही तरह इसमें भी कैमरा मोड फीचर उपलब्ध है। इस एप के जरिए आप विभिन्न भाषाओं में ग्रुप चैट भी कर सकते हैं। यह एप आपको अलग–अलग भाषाओं के पैक को डाउनलोड करने की अनुमति देता है ताकि आप ऑफलाइन भी अनुवाद कर सकें। इस एप को एण्ड्रायड, IOS या विंडोज़ पर डाउनलोड कर सकते हैं।

i ट्रांसलेट

i ट्रांसलेट का बेसिक एप जो कि फ्री है, 92 भाषाओं को सपोर्ट करता है।

विशेषताएँ

- इस एप के माध्यम से आप टेक्स्ट करके या अपनी आवाज में बोल कर ट्रांसलेट कर सकते हैं।
- यह एप आपके द्वारा किये गये अनुवादों की हिस्ट्री रखता है ताकि आप जब चाहें पिछले अनुवादों को देख सकें।
- इसके प्रो एप के जरिए आप बात करते–करते अनुवाद कर सकते हैं। साथ ही इसका लाभ आप ऑफलाइन भी उठा सकते हैं।

ट्रिपलिंगो

ट्रिपलिंगो भी एक ट्रांसलेट एप है, हालाँकि यह एप केवल 23 भाषाओं में ही अनुवाद कर सकता है।

विशेषताएँ

- इस एप में भी गूगल ट्रांसलेट की तरह कैमरा मोड, लाइव ट्रांसलेशन जैसे फीचर मौजूद हैं।
- इस एप की सबसे खास बात यह है कि यह आपको अनुवाद के दौरान ट्रैवल टिप्स और Phrase बुक जैसे फीचर भी उपलब्ध कराता है।
- यह एप लाइव ट्रांसलेशन के लिए शुल्क लेता है, जो यूजर के लिए काफी निराशाजनक हो सकता है। यह एण्ड्रॉयड और iOS प्लेटफॉर्म पर काम करता है।

SayHi ट्रांसलेट

SayHi ट्रांसलेट भी दूसरे ऐप्स की तरह ही है। यह एक फ्री सॉफ्टवेयर है जो कि 46 भाषाओं को सपोर्ट करता है और इसका इस्तेमाल करना भी काफी आसान है।

विशेषताएँ

- इस एप में दी गयी ज्यादातर भाषाएँ टेक्स्ट–टू–स्पीच को सपोर्ट करती हैं।
- यह एप 46 भाषाओं के अलावा कुछ दूसरी भाषाओं को भी स्पोर्ट करता है, जिनमें स्पैनिश और अरेबिक भी शामिल हैं।
- इस एप में संवाद मोड भी दिया गया है। यह फीचर बातचीत करते–करते ही आपकी बात को दूसरी भाषा में बदल देता है।
- यह एप गूगल प्ले स्टोर में मौजूद नहीं है। इस एप को आप एण्ड्रॉयड वर्जन के लिए अमेजन से डाउनलोड कर सकते हैं। साथ ही यह iOS प्लेटफॉर्म पर भी काम करता है।

मुक्त हिन्दी सॉफ्टवेयर

विज्ञान ने आज सभी जगह प्रगति दर्ज की है। कम्प्यूटर के आगमन से कार्यालयी कामकाज में बड़ी सहायता प्राप्त हुई है। भारत में कम्प्यूटर के आगमन के साथ हिन्दी भाषा भी तेजी से बढ़ने लगी। सी–डैक पुणे ने कुछ बेहतरीन सॉफ्टवेयर विकसित किये जिससे कम्प्यूटर पर भारतीय भाषाओं का प्रयोग होने लगा। लेकिन हिन्दी के सॉफ्टवेयर काफी मँहगे थे। हर कार्यालय की अपनी वित्तीय सीमा होती है। शुरुआती दौर में कम्प्यूटर की कीमत में सॉफ्टवेयर खरीदने पड़ते थे। भारतीय भाषाओं का कारोबार धीरे–धीरे बढ़ने लगा। भारतीय भाषाओं के सॉफ्टवेयर अब सस्ते में प्राप्त हो रहे हैं। विश्वस्तर पर भाषाओं के विकास में कम्प्यूटर ने अहम भूमिका निभायी है। अंग्रेजी भाषा के फॉण्ट यूनिकोड में परिवर्तित हुए हैं। अनेक सॉफ्टवेयर मुफ्त में वितरित हो रहे है। कम्प्यूटर की दुनिया में शेयर–वेयर, फ्रि–वेयर सॉफ्टवेयरों का बोलबोला है। इस बदलते परिवेश में हम कितने दिनों तक विदेशों का मुँह ताकते रहेंगे? भारत सरकार ने भारतीय भाषाओं के लिए प्रौद्योगिकी का विकास किया है। सूचना प्रौद्योगिकी एवं संचार मन्त्रालय ने www.ildc.gov.in वेबसाइट जारी की है। इस साइट पर भारतीय भाषाओं के विकास कार्यक्रमों की जानकारी दी गयी है। कार्यक्रम के अन्तर्गत अनेक भारतीय भाषाओं के सॉफ्टवेयर इण्टरनेट के माध्यम से मुफ्त डाउनलोड किये जा सकते हैं। मुफ्त सॉफ्टवेयर डाउनलोड करने से पहले आपका नाम पंजीकृत किया जाता है। पंजीकरण के बाद आपको यूजरनेम (प्रयोगकर्ता नाम) और पासवर्ड (कूटसंकेत) दिया जाता है। इसके बाद आपके कम्प्यूटर की आवश्यकताओं के अनुसार आप सम्बन्धित सॉफ्टवेयर डाउनलोड कर सकते हैं। कृपया ध्यान रखें कि डाउनलोड करने से पहले आपके कम्प्यूटर पर डी.ए.पी. (डाउनलोड एक्सलेटर प्रोटोकॉल) अथवा फ्लैगेट सॉफ्टवेयर स्थापित किया गया है। किसी सॉफ्टवेयर को इण्टरनेट से डाउनलोड करने में यह सॉफ्टवेयर मदद करता है। इससे कम समय में डाउनलोड प्रकिया तेजी से सम्पन्न होती है। www.tdil.mit.gov.in पर निम्नलिखित सॉफ्टवेयर मुफ्त डाउनलोड हेतु उपलब्ध हैं।

- देसिका (भाषा आकलन की सहज प्रणाली)–यह 693 के.बी. साईज का विंडो 95 प्लेटफॉर्म पर चलने वाला सॉफ्टवेयर है जिसे सी–डैक बेंगलुरू ने विकसित किया है।
- गीता रीडर–धर्मग्रन्थ गीता पढ़ने के लिए यह सॉफ्टवेयर सी–डैक बेंगलुर ने बनाया है। यह विंडो–95 प्लैटफॉर्म पर चलता है। इसका आकारमान 3.29 एमबी है।
- ए.एल.पी. पर्सनल (भाषा संसाधन प्रणाली)–सी–डैक पुणे द्वारा विकसित सॉफ्टवेयर 3.5 एमबी आकारमान का है जो डॉस 3.0 अथवा उससे उन्नत डॉस प्लैटफार्म पर चलाया जा सकता है।
- कॉरपोरा (भारतीय भाषाओं का शब्द संसार)–सी–डैक पुणे द्वारा विकसित इस सॉफ्टवेयर का आकारमान 176 एमबी है। इसमें हिन्दी के सभी अपरिष्कृत शब्दों को पी.सी.आई.एस.सी.आई.आई. में संगृहीत किया गया है।
- शब्दबोध (वाक्य विलेषण)–संस्कृत शब्दों का अर्थगत व वाक्यगत विश्लेषण कम्प्यूटर की सहायता से पारस्परिक अनुप्रयोग द्वारा किया जा सकता है।
- श्री लिपि भारती–ये देवनागरी कीबोर्ड ड्राइवर और ट्रू टाईप फॉण्ट्स हैं। इनका प्रयोग पेजमेकर, कोरलड्रॉ, वेंचुरा, अडोब इल्यूट्रेटर, एम.एस. ऑफिस 97 / 98 / 2000 एक्स.पी. आदि प्लेटफॉर्म पर किया जा सकता है। ये फॉण्ट्स मुफ्त डाउनलोड करके कहीं भी प्रयोग में जाये जा सकते हैं। इसका आकार 1.28 एम.बी. है तथा एम.सी.आई.टी. भारत सरकार ने प्रदान किया है। माड्यूलर कम्पनी द्वारा निर्मित यह सॉफ्टवेयर एक उपयोगी कीबोर्ड ड्राइवर है।
- बहुभाषिक ई–मेल क्लाइंट–सी–डैक पुणे निर्मित यह सॉफ्टवेयर 2.12 एम.बी. आकारमान का है और विंडो 95 / 98 प्रणाली पर कार्य करता है। इसमें आप दस भारतीय भाषाओं में ई–मेल भेज सकते है।
- आई लिप–सी–डैक पुणे द्वारा निर्मित यह सॉफ्टवेयर 4.00 एम.बी. आकारमान का है जो विंडो 95 / 98 एन टी पर चलाया जा सकता है। इससे वर्तनी सुधार, ई–मेल भेजना, पर्दे पर कीबोर्ड सुविधा, डेटा आयात करना, बहुभाषिक एचटीएमएल बनाना, शब्द संशोधन आदि कार्य किया जा सकता है। इस पुरस्कृत सॉफ्टवेयर द्वारा फाइल्स को भारतीय भाषाओं में फाइल मेनू से एचटीएमएल रूप में भेजा जा सकता है।

- अक्षर–अंग्रेजी हिन्दी में काम करने में सहायक सॉफ्टवेयर सॉफ्टटेक लि.नयी दिल्ली ने बनाया है। विंडो 95 प्लेटफॉर्म पर चलने वाला यह सॉफ्टवेयर 3.5 एम.बी. आकारमान का है। यह सॉफ्टवर्ड तथा वर्डस्टार की तरह कार्य करता है। इसमें वर्तनी संशोधक, शब्दकोश, मेलमर्ज, टाइपराइटर, की बोर्ड आदि सुविधा उपलब्ध है।
- सुरभी प्रोफेशनल–एप्पल सॉफ्ट बैंगलुर द्वारा निर्मित यह कीबोर्ड इण्टरफेस सॉफ्टवेयर विंडो आधारित सभी प्लेटफॉर्म जैसे एम.एस. वर्ड, एम.एस. एक्सेल, पेजमेकर आदि में कार्य करता है। इसमें ऑटो फॉण्ट सिलेक्शन, फाइंड एण्ड रिपलेस, ऑटोकरेक्ट तथा इंटेलिजेंट की बोर्ड मैनेजर सुविधा उपलब्ध है।
- बुद्धिमान कुंजीपटल प्रबन्धक (इटेलिजेण्ट कीबोर्ड मैनेजर)–एप्पल सॉफ्ट बैंगलुर द्वारा निर्मित यह सॉफ्टवेयर विंडो 95/98 प्लॅटफॉर्म पर काम करता है। फाइल नाम, फॉण्ट नाम हिन्दी में टाइप करते समय प्रायः हिन्दी अक्षरों की जगह मशीनी अपाठ भाषा दिखायी देती है। इस समस्या का हल इस सॉफ्टवेयर द्वारा निकाला जा सकता है।
- शब्दिका–यह एक लेखा परीक्षा, लेखा बैंकिंग प्रशासन, सूचना प्रौद्योगिकी सम्बन्धित शब्द संग्रह है। सी–डैक नोएडा व वैज्ञानिक तथा तकनीकी शब्दावली आयोग द्वारा निर्मित यह सॉफ्टवेयर विंडोज़ की सभी प्रणाली में कार्य करता है। यह एक मानक, प्रामाणिक द्विभाषी शब्द संग्रह है। कार्यालय में हिन्दी पत्राचार करते समय इसके द्वारा आप बैंकिंग प्रशासकीय, लेखा तथा लेखा परीक्षा, सूचना प्रौद्योगिकी के कठिन शब्दों का अर्थ आसानी से देख सकते है।
- एच वर्ड–विंडोज़ आधारित प्लैटफॉर्म पर कार्य करने वाला यह हिन्दी का शब्द संसाधक सी–डैक नोएडा ने निर्मित किया है। हिन्दी भाषा पर केन्द्रित इस सॉफ्टवेयर में इंस्क्रिप्ट, टाइपराइटर तथा रोमन कीबोर्ड की खूबियाँ मौजूद हैं। रोमन कीबोर्ड भारतीय लिपि को रोमन लिप्यतंरण तालिका पर मौजूद सहज सुलभ बनाया है। फाईल बनाते समय पत्र में तिथि व समय डालना, पर्दे पर दिखायी देने वाला कीबोर्ड, फॉण्ट परिवर्तन (डी.वी.टी.टी. फॉण्ट से लेखिका फॉण्ट में परिवर्तन) आदि सुविधाओं का लाभ ले सकते हैं।
- इंडिक्स–भारतीय भाषाओं के लिए लाईनेक्स प्रणाली पर आधारित

यह सॉफ्टवेयर एन.सी.एस.टी. ने प्रदान किया है। बहुभाषिक आधार, वेब ब्राउजर, मेन्यू लेबल, मैसेज आदि जी.यू.आई. (ग्राफिकल यूजर इण्टरफेस) स्थानिक भाषा में प्रदर्शित होते है। यूनिकोड प्रणाली, ओपन टाइप फॉण्ट विंडोज़ प्रणाली में सहायक, क्लाइंट लाइब्रेरी से भारतीय भाषाओं में विकास, इनस्क्रीप्ट कीबोर्ड, इस्की से यूनिकोड परिवर्तन, उच्च गुणवत्ता की छपाई आदि सुविधाएँ हैं।

उपर्युक्त मुफ्त सॉफ्टवेयरों को संकलित करके कुछ अन्य फॉण्ट की बोर्ड ड्राइवर, हिन्दी ओ.सी.आर., फॉण्ट परिवर्तन, शब्दसंसाधक आदि सुविधाओं को भारत सरकार ने स्वतन्त्र वेबसाइट www.tdil.mit.gov.in पर भी रखा है। हिन्दी सॉफ्टवेयर उपकरण की सी.डी. सूचना प्रौद्योगिकी मन्त्रालय, भारत सरकार ने निःशुल्क सॉफ्टवेयर वेबसाइट www.ildc.in पर उपलब्ध कर दी है। इस मुफ्त सॉफ्टवेयर में उपर्युक्त शब्दसंसाधक (वर्ड प्रोसेसर) विभिन्न प्रकार के पाँच सौ फॉण्ट, शब्दकोश, वर्तनी संशोधक, अक्षर से ध्वनि (टेक्स्ट टू स्पीच) प्रकाशकीय अक्षर पहचान तन्त्र (ओ.सी.आर) मशीनी अनुवाद आदि सुविधाएँ उपलब्ध हैं। इस मुफ्त सॉफ्टवेयर में कुछ कमियाँ भी पायी गयी हैं। लेकिन कम्प्यूटर पर हिन्दी भाषा का प्रसार करने की दिशा में भारत सरकार का यह महत्त्वपूर्ण कदम है। इस सॉफ्टवेयर को उन्नत करने की काफी गुंजाइश है। सॉफ्टवेयर के पण्डितों को अपने सुझाव सूचना प्रौद्योगिकी मन्त्रालय, भारत सरकार को भेजने चाहिए। हम आशा कर सकते हैं कि सूचना प्रौद्योगिकी के क्षेत्र में भारतीय भाषाओं का अस्तित्व निरन्तर बढ़ता रहेगा। कम्प्यूटर के बिना भाषा पीछे रहना खतरे की निशानी है।

कम्प्यूटर और हिन्दी : सम्भावनाएँ और चुनौतियाँ

आज का युग सूचना, संचार तथा विचार का युग है। सूचना प्रौद्योगिकी एक सरल तन्त्र है जो तकनीकी उपकरणों के सहारे सूचनाओं का संकलन, प्रक्रिया एवं सम्प्रेषण करता है। सूचना प्रौद्योगिकी के क्षेत्र में कम्प्यूटर का महत्त्व एक कल्पवृक्ष से कम नहीं है जिससे व्यावसायिक–वाणिज्यिक, जनसंचार, शिक्षा, चिकित्सा आदि कई क्षेत्र लाभान्वित हुए हैं।

कम्प्यूटर और सूचना टेक्नोलॉजी के क्षेत्र में आज जो नया विस्फोट हुआ है वह भाषा में भी एक मौन क्रान्ति का वाहक बनकर आया है। अभी तक भाषा को मनुष्य की आवश्यकताओं को पूरा करना पड़ता था लेकिन आज इसे न केवल मनुष्य की आवश्यकताओं को पूरा करना पड़ रहा है, बल्कि मशीन और कम्प्यूटर की नित नयी भाषायी माँगों को भी पूरा करना पड़ रहा है।

हिन्दी, विश्व की तीन सबसे बड़ी भाषाओं में से एक है। लगभग एक करोड़ बीस लाख भारतीय मूल के लोग विश्व के 132 देशों में बिखरे हुए हैं जिनमें आधे से अधिक हिन्दी भाषा को व्यवहार में लाते हैं। गत पचास वर्षों में हिन्दी की शब्द–सम्पदा का जितना विस्तार हुआ है उतना विश्व की शायद ही किसी भाषा में हुआ हो। विदेशों में हिन्दी के पठन–पाठन और प्रचार–प्रसार का कार्य हो रहा है। दूर संचार माध्यमों, फिल्मों, गीतों, हिन्दी पत्र–पत्रिकाओं आदि ने भी हिन्दी के प्रचार–प्रसार में अपनी अहम भूमिका अदा की है। तकनीकी एवं प्रौद्योगिकी के क्षेत्र में भारत का वर्चस्व तेजी से बढ़ रहा है। हिन्दी का व्यापक प्रयोग जन संचार माध्यमों की अनिवार्य आवश्यकता बन गया है।

आज टेक्नोलॉजी की भाषा को आम आदमी के नजदीक पहुँचाने की आवश्यकता बढ़ गयी है। मुक्त बाजार और वैश्वीकरण के दबावों ने हिन्दी को जरुरत और माँग के अनुकूल ढालने में भूमिका निभायी है। विश्व में अब उसी भाषा को प्रधानता मिलेगी जिसका व्याकरण संगत होगा, जिसकी लिपि कम्प्यूटर की लिपि होगी।

चूँकि हिन्दी भाषा का व्याकरण वैज्ञानिक आधार पर बना है इसलिए देवनागरी लिपि कम्प्यूटर यन्त्र की प्रक्रिया के अनुकूल है। इसमें विश्व की किसी भी भाषा एवं ध्वनि का लिप्यांकन किया जा सकता है। कम्प्यूटर युग में हिन्दी सॉफ्टवेयर और ज्यादा विकसित करने की आवश्यकता है। हिन्दी में कम्प्यूटर शब्दावली के निर्माण में हमें मार्केट और प्रयोक्ता को ध्यान में रखना होगा। जहाँ आवश्यक हो अति प्रचलित अंग्रेजी शब्दों को उसी रूप में ग्रहण करना होगा जैसा हम बोलते समय करते हैं। आज कम्प्यूटर की शब्दावली गढ़ने के बजाय उसे प्रचलित करने की अधिक जरूरत है जिससे हिन्दी में रचित कम्प्यूटर साहित्य और सॉफ्टवेयर सामान्य प्रयोक्ताओं को बोधगम्य हो सके और मार्केट में स्वीकार्य हो सके। यदि इस सूचना युग में हिन्दी कम्प्यूटीकरण में पिछड़ गयी, तो विश्व स्तर पर हो रही भाषायी दौड़ में हिन्दी बहुत पीछे छूट जायेगी।

कम्प्यूटर में हिन्दी प्रयोग की बढ़ती सम्भावनाओं को ध्यान में रखकर इलेक्ट्रॉनिकी विभाग ने भारतीय–भाषाओं के लिए टेक्नोलॉजी विकास नामक परियोजना के अन्तर्गत कई प्रोजेक्ट शुरू किये हैं। इस प्रयास में आई.आई. टी. कानपुर और सी–डैक की भूमिका प्रमुख थी।

आज विंडोज़ प्लेटफार्म में काम करने वाले अनेक हिन्दी सॉफ्टवेयर मार्केट में उपलब्ध हैं, जैसे, सी–डैक का इज्म ऑफिस, लीप ऑफिस, अक्षर फॉर विंडोज़, सुविंडोज़ और आकृति आदि। हाल ही में यूनिकोड फॉण्ट के प्लेटफार्म पर विकसित माइक्रोसॉफ्ट ऑफिस हिन्दी में स्क्रीन का समस्त परिवेश जैसे कमान, सन्देश, फाइल नाम आदि भी हिन्दी में उपलब्ध हैं।

सूचना प्रौद्योगिकी के तहत मशीनी अनुवाद एवं लिप्यंतरण सहज एवं सरल हो गया है। सी–डैक पुणे ने सरकारी कार्यालयों के लिए अंग्रेजी–हिन्दी में पारस्परिक कार्यालयी सामग्री का अनुवाद करने हेतु मशीन असिस्टेड ट्रांसलेशन मन्त्रा पैकेज विकसित किया है। हिन्दी भाषा में वेबपेज विकसित करने हेतु प्लगइन पैकेज तैयार किया गया है जिससे कोई भी व्यक्ति, संस्था, अपने वेब पेज हिन्दी में प्रकाशित कर सकता है। अब वर्तमान स्थिति में वेबसाइट पर हिन्दी में इलेक्ट्रॉनिक शब्दकोश उपलब्ध है। इसी तरह अंग्रेजी तथा भारतीय–भाषाओं में पारस्परिक अनुवाद प्राप्त करने की सुविधा भी उपलब्ध है। कम्प्यूटर एवं इण्टरनेट के सहारे शिक्षा का प्रसार तीव्र गति से होने की सम्भावना बढ़ गयी है। सूचना प्रौद्योगिकी में हिन्दी भाषा का प्रचलन धीरे–धीरे बढ़ रहा है। माइक्रोसॉफ्ट,

याहू, रेडिफ, गूगल आदि विदेशी कम्पनियों ने अपनी वेबसाइट पर हिन्दी भाषा को स्थान दिया है।

भारत सरकार के नेशनल सेण्टर फॉर सॉफ्टवेयर टेक्नोलॉजी इंस्टीट्यूट ने सभी भारतीय भाषाओं की लिपि को कम्प्यूटर पर स्थापित करने के लिए विशेष अभियान चलाया है। अमेरिकन माइक्रोसॉफ्ट कम्पनी ने एन.सी.एस.टी. (NCST) के साथ एक संयुक्त योजना के तहत विश्व प्रसिद्ध विंडोज़ प्रणाली पर भारतीय–भाषाओं को विकसित करने का कार्य शुरू किया है।

इण्टरनेट सेवा के अन्तर्गत ई–मेल, चेटिंग, वॉयस मेल, ई–ग्रीटिंग आदि बहुपयोगी क्षेत्र में हिन्दी भाषा का विकास एवं सम्प्रेषण की सम्भावनाएँ अधिक हैं। कम्प्यूटर पर हिन्दी भाषा ध्वनि, चित्र, एनीमेशन के सहारे विकसित की जा रही है। कई इण्टरनेट साइट में प्रमुख भारतीय–भाषाओं के लिए उपयुक्त सम्पर्क–सूत्र, ई–मेल, सॉफ्टवेयर, आदि जानकारी उपलब्ध हैं जैसे www.rajbhasha.com, www.indianlanguages.com, www.hindinet.com आदि।

भारतीय–भाषाओं को विकसित करने हेतु सी–डैक मुम्बई में इण्डियन लैंग्वेज रिर्सोसेस सेण्टर के तहत कम्प्यूटर के क्षेत्र में अनुसन्धान जारी है। हिन्दी शब्दों का विशाल भण्डार हिन्दी वर्ड नेट पर विकसित किया गया है। इससे हिन्दी भाषा को विश्व की प्रमुख भाषाओं के साथ जोड़ा जायेगा।

हालाँकि हिन्दी में कम्प्यूटर शब्दावली के निर्माण के प्रयास किये जा रहें हैं फिर भी अभी भी हिन्दी तकनीकी दृष्टि से पूरी तरह विकसित नहीं है। विश्वस्तर के कई सॉफ्टवेयरों में अभी तक हिन्दी का समावेश नहीं किया गया है।

आज इण्टरनेट की 83 प्रतिशत सामग्री अंग्रेजी में उपलब्ध है। भारत के लिए आवश्यक है कि इण्टरनेट की प्रौद्योगिकी से अपने को जोड़े रखे और नयी तकनीकी को हिन्दी सहित भारतीय भाषाओं में विकसित करे।

यह एक संयोग है कि कम्प्यूटर का विकास सर्वप्रथम ऐसे देशों में हुआ जिनकी भाषा मुख्यतः अंग्रेजी थी। शायद यही कारण है कि रोमनेतर लिपियों में कम्प्यूटर पर कार्य कुछ देरी से आरम्भ हुआ। ऐसा कोई तकनीकी कारण नहीं है कि अंग्रेजी कम्प्यूटर के लिए आदर्श भाषा समझ ली जाये। कम्प्यूटर की दो संकतों की अपनी एक स्वतन्त्र गणितीय भाषा है और उसी में वह हमारी भाषाओं को ग्रहण करके अपने समस्त कार्य

करता है। कम्प्यूटर टेक्नोलॉजी के अन्तर्गत प्राकृतिक भाषा संसाधन के क्षेत्र में विश्वभर में अनेक विशेषज्ञ प्रणालियों का विकास किया गया है, जिनके माध्यम से कम्प्यूटर साधित भाषा शिक्षण, मशीनी अनुवाद और वाक् संसाधन से सम्बन्धित विभिन्न अनुप्रयोग विकसित किये गये हैं।

हिन्दी कम्प्यूटरीकरण हिन्दी भाषा से सम्बन्धित सकल कार्यों को कम्प्यूटर, मोबाइल या अन्य डिजिटल युक्तियों पर कर पाने से सम्बन्धित है। यह मुख्यतः उन सॉफ्टवेयर उपकरणों एवं तकनीकों से सम्बन्ध रखता है जो कम्प्यूटर पर हिन्दी के विविध प्रकार से प्रयोग में सुविधा प्रदान करते हैं। आज के युग में हिन्दी कम्प्यूटरीकरण के सॉफ्टवेयरों का बहुत ही महत्त्व है। हिन्दी कम्प्यूटरीकरण के मुख्य क्षेत्र हैं :

1. भाषा सम्पादित
2. हिन्दी वर्तनी जांचक
3. फाण्ट परिवर्तक
4. लिपि परिवर्तक
5. अनुवादक
6. हिन्दी टेक्स्ट को वाक् में बदलने का सॉफ्टवेयर
7. हिन्दी में बोली गयी बात को हिन्दी पाठ में बदलने वाला सॉफ्टवेयर
8. देवनागरी का ओसीआर
9. हिन्दी के विविध प्रकार के शब्दकोश
10. हिन्दी के विश्वकोश
11. हिन्दी की ई–पुस्तकें
12. हिन्दी में खोज
13. हिन्दी में ईमेल

लेकिन आज भी लाख कोशिशों के बावजूद कम्प्यूटर पर हिन्दी में लिखने वालों की संख्या सीमित है। वैसे तो इसके अनेकों कारण हो सकते हैं लेकिन कुछ कारण जो मुझे गहन रूप से नजर आते हैं वे हैं :

1. अंग्रेजी भाषा आधारित सिस्टम (द्विभाषिकता का अभाव) : आज के दौर में इंटरनेट पर सभी तरह की महत्त्वपूर्ण जानकारियाँ व सूचनाएँ उपलब्ध हैं जैसे परीक्षाओं के परिणाम, समाचार, ई–मेल, विभिन्न प्रकार की पत्र–पत्रिकाएँ, साहित्य, अति महत्त्वपूर्ण जानकारी युक्त डिजिटल पुस्तकालय आदि। परन्तु ये प्रायः सभी अंग्रेजी भाषा में हैं। भारतीय परिवेश में अधिकतर

लोग अंग्रेजी भाषा में निपुण नहीं हैं। अतः कई हिन्दी भाषी लोग इंटरनेट का इस्तेमाल करने में भाषाई कठिनाई महसूस करते हैं और कम्प्यूटर के उपलब्ध होते हुए भी वह कम्प्यूटर व इंटरनेट का उपयोग करने से वंचित रह जाते हैं। यदि इंटरनेट एक्सप्लोरर का सम्पूर्ण इंटरफेस हिन्दी (देवनागरी लिपि) में होने के साथ–साथ इसमें वेबपृष्ठ के अंग्रेजी पाठ को माउस क्लिक के माध्यम से हिन्दी में अनुवाद करने की सुविधा सहित हो तो अंग्रेजी भाषा की बाधा हिन्दी भाषी कम्प्यूटर उपयोक्ताओं के काम में बाधा नहीं रहेगी। वेबपृष्ठ पर अनुवाद सुविधा कम्प्यूटर उपयोक्ताओं के लिए इंटरनेट पर उपलब्ध सूचना को उनकी अपनी ही भाषा में समझने में सहायक होगी।

मुझ जैसे करोड़ों हिन्दी भाषी कम्प्यूटर उपयोक्ताओं को कम्प्यूटर के उपयोग में कई समस्याएँ सिर्फ अंग्रेजी भाषा में अपने कमजोर होने की वजह से आती हैं न कि इसकी तकनीकी की वजह से।

आज भी भारत में सॉफ्टवेयर या ऑपरेटिंग सिस्टम में विंडोज अंग्रेजी में ही अपनी जड़ें जमाये हुए है। न तो द्विभाषिक रूप (अंग्रेजी और हिन्दी) में ऑपरेटिंग सिस्टम उपलब्ध हैं और न ही हिन्दी में। अब चूँकि भारत में अभी भी बहुसंख्य जनता इंटरनेट के लिए साइबर कैफे पर निर्भर है, इसलिए हिन्दी के प्रसार में यह भी एक बड़ी बाधा है। यदि साइबर कैफे में हिन्दी का प्रयोग सुलभ हो तो बहुत से लोग हिन्दी में जुड़ेंगे।

2. फॉण्ट की जानकारी का अभाव : आजकल लोगों को फॉण्ट की विविधता के बारे में भी पूरी तरह से ज्ञान प्राप्त नहीं है।

3. हिन्दी टाइपिंग की समस्या : आज भी की–बोर्ड अंग्रेजी में ही उपलब्ध होते हैं। हिन्दी टाइपिंग करने के लिए अंग्रेजी की–बोर्ड पर हिन्दी की वर्णमाला चिपका दी जाती है। अब पहले तो वैसे ही आम कम्प्यूटर उपयोगकर्ता को यूनिकोड का पता होता नहीं, आज भी हिन्दी टाइपिंग के बारे में एक आम कम्प्यूटर उपयोक्ता को यही मालूम है कि इसके लिए पहले हिन्दी की टाइपिंग (रेमिंगटन) सीखनी होती है। फोनेटिक तथा इनस्क्रिप्ट प्रणालियों के बारे में बहुत ही कम लोगों को पता है।

टाइपिंग के लिए ISM नामक औजार सी–डैक ने बनाया है। परन्तु ये मुफ्त सॉफ्टवेयर नहीं है, इसलिए इसे खरीदना आम आदमी के बस में नहीं है। इसका कोई ट्रायल तक उपलब्ध नहीं जिससे कि कोई इसका परीक्षण कर इसे लेने के बारे में विचार कर सके। इसके अलावा ये केवल

कुछ चुनिंदा सॉफ्टवेयरों पर ही काम करता है। इन वजहों से उपरोक्त समस्या का समाधान नहीं हो सकता।

फोनेटिक टाइपिंग वालों के लिए एक तरीका है बरहा डायरेक्ट में नॉन–यूनिकोड टाइपिंग द्वारा। बरहा में अयूनिकोडित टाइपिंग के लिए BRH-Devanagari नामक नॉन–यूनिकोड फॉण्ट होता है। परन्तु इसमें केवल एक ही फॉण्ट का प्रयोग किया जा सकता है।

एक अन्य टूल है सी–डैक का GIST-TT Typing Tool इसमें तीनों लेआउट उपलब्ध हैं–फोनेटिक, इनस्क्रिप्ट तथा रेमिंगटन। यह एक नॉन–यूनिकोड इनपुट मैथड एडीटर है। इसमें चार फॉण्ट उपलब्ध हैं लेकिन वो डीटीपी जैसे कामों के लिए उपयुक्त नहीं।

4. यूनिकोड के बारे में जागरूकता का अभाव : एक आम कम्प्यूटरकर्ता को यूनिकोड के बारे में पता ही नहीं कि यह क्या है, इसके क्या फायदे हैं। यदि वह इस बारे में जागरूक हो तो वह यूनिकोड समर्थन वाले ऑपरेटिंग सिस्टमों को अपनायेगा। यूनिकोड के आगमन के बाद से बहुत से सॉफ्टवेयरों, साइटों तथा ऑनलाइन सेवाओं का यूनिकोडकरण शुरू हुआ। आज इनमें से अधिकतर यूनिकोड सक्षम हैं लेकिन अब भी अक्सर ऐसा होता है कि हम कोई सॉफ्टवेयर या ऑनलाइन सेवा में हिन्दी टाइप करने लगते हैं तो डब्बे या प्रश्नचिह्न नजर आने लगते हैं अर्थात वह यूनिकोड का समर्थन नहीं करता। अब इनमें से कई जगह तो फिर हिन्दी में टाइप करना असम्भव ही हो जाता है लेकिन जहाँ पर फॉण्ट बदलने की सुविधा है वहाँ नॉन–यूनिकोड फॉण्ट जैसे कृतिदेव आदि चुनकर हिन्दी टाइप की जा सकती है। यद्यपि इससे वह बात नहीं बनती जो यूनिकोड में है, इसमें डाटा–प्रोसैसिंग जैसे सर्चिंग–सॉर्टिंग आदि नहीं की जा सकती।

5. तकनीकी अज्ञान : अधिकतर व्यक्तियों को विंडोज आदि ऑपरेटिंग सिस्टम तक इंस्टाल करना नहीं आता। यदि वे चाहें तो भी कुछ कर नहीं सकते।

6. पुराना हार्डवेयर : सब जगहों पर अक्सर पुराने हार्डवेयर युक्त कम्प्यूटर होते हैं जो कि नये ऑपरेटिंग सिस्टमों को चलाने के लिए सक्षम नहीं होते। यह एक प्रमुख कारण है।

आज भारत में जो सॉफ्टवेयर अंग्रेजी में उपलब्ध हैं, यदि वे हिन्दी में भी उपलब्ध कराये जायें तो उनका सार्थक उपयोग होगा जिससे हिन्दी कम्प्यूटरीकरण की बेहतर सेवा हो सकेगी।

ई–गवर्नेंस

हमारे देश में ई–गवर्नेंस केन्द्र की स्थापना 15 अगस्त, 2000 को सूचना प्रौद्योगिकी मन्त्रालय ने इलेक्ट्रॉनिक्स निकेतन में की, ताकि केन्द्रीय तथा राज्य सरकारों द्वारा ई–गवर्नेंस के क्षेत्र में किये जा रहे कार्यों के प्रयोग की जानकारी एकत्र एवं प्रसारित की जा सके। इस केन्द्र में ई–गवर्नेंस के क्षेत्र में होने वाली प्रक्रियाओं को दर्शाया गया है। केन्द्रीय तथा राज्य सरकारों में निर्णायक कार्य करने वालों में जागरूकता लाने के लिए कार्यों का संचालन किया जाता है। कार्यशालाओं, वीडियो तथा टेली कॉन्फ्रेंसिंग आदि के द्वारा निर्णायक समितियों के लिए ई–गवर्नेंस के विभिन्न पहलुओं पर प्रकाश डालना, केन्द्रीय एवं राज्य सरकारों के लिए विधि एवं नीति परिवर्तनों को लागू करने में सहायता करना तथा अच्छे कार्यों के निष्पादन में स्थिरता लाने हेतु विशेषज्ञों द्वारा भारत से विदेशों में निरन्तर बातचीत करना इस केन्द्र के प्राथमिक कार्य हैं।

ई–गवर्नेंस की आवश्यकता

सूचना प्रौद्योगिकी के आगमन से सूचनाओं के प्रचार–प्रसार में विश्व में, जो क्रान्ति आयी है, उससे प्रत्येक क्षेत्र को लाभ हुआ है। इससे हमारे जीवन और रहन–सहन का ढाँचा ही बदलता जा रहा है। सूचना प्रौद्योगिकी की बदौलत औद्योगिक, शैक्षिक, रोजगार तथा सभी सरकारी एवं गैर–सरकारी क्षेत्रों में विकास की लहर का जो प्रभाव पड़ा है, उससे हमें लाभ ही हुआ है।

ई–गवर्नेंस की सहायता से जहाँ सरकारी प्रशासनिक कार्यों में पारदर्शिता उत्पन्न की जायेगी, वहीं सभी नागरिकों को तीव्र गति से सूचना उपलब्ध करायी जायेगी। प्रशासनिक प्रभाविता में सुधार के साथ–साथ परिवहन, विद्युत, जल, स्वास्थ्य, सुरक्षा, नगर सेवाओं आदि क्षेत्रों में सुविधाओं में सुधार किये जा सकेंगे। ई–गवर्नेंस के क्षेत्र में इसके जो भी प्रयोग किये गये हैं, उन्हें देखकर यह विश्वास होता है कि वास्तव में सूचना प्रौद्योगिकी की सहायता से आम आदमी को अनेक सरकारी सेवाएँ अपेक्षाकृत बेहतर ढंग से उपलब्ध करवायी जा सकती हैं।

आज शहरों, कस्बों आदि में जगह–जगह इतने साइबर कैफे खुल गये हैं कि उनके माध्यम से काफी संख्या में वयस्कों तथा बच्चों की पहुँच इण्टरनेट तक हो गयी है। साइबर कैफे में बैठकर ये लोग जहाँ ई–मेल एकाउण्ट खुलवाते हैं वहीं इण्टरनेट से मित्र बनाते हैं। साथ ही विभिन्न वेबसाइटों में जाकर तरह–तरह की जानकारी भी प्राप्त करते हैं। आज बड़े शहरों के आसपास बसे गाँवों में भी कम्प्यूटर केन्द्रों की भरमार हो गयी है और लोग कम्प्यूटर शिक्षा ग्रहण करके अपना भविष्य सँवारने में लगे हैं।

ई–गवर्नेंस के लाभ

जैसा वर्णन किया जा चुका है, ई–गवर्नेंस के आगमन से आम जनता को भी कई प्रकार के लाभ होंगे, जैसे–

1. राशन कार्ड बनाना हो तो ऑनलाइन अर्जी डालकर सारी एवं सही स्थिति जानकर राशन कार्ड का प्रिण्टआउट ले सकते हैं। इसी प्रकार पेंशन, भविष्यनिधि आदि के बारे में तथा पानी, बिजली आदि के बिलों के भुगतान की भी जानकारी इण्टरनेट पर मिल जायेगी।
2. इण्टरनेट पर आम आदमी की पहुँच बनाने के लिए जगह–जगह निजी क्षेत्रों को संचार–ढाबे (इन्फोकियोस्क) खोलने के अवसर प्राप्त होंगे, जहाँ सामान्य शुल्क देकर निरक्षर लोगों तक को वांछित सूचना प्राप्त हो जायेगी और जिन लोगों को पर्याप्त सूचनाएँ प्राप्त नहीं हो पायेंगी, वे पब्लिक डोमेन में अपनी शिकायत दर्ज करके आगे कार्रवाई कर सकेंगे।

अतः हमें यह आशा करनी चाहिए कि ई–गवर्नेंस का जो एक स्वच्छ प्रशासन देने का वादा है, वह भविष्य में अवश्य पूरा होगा। इसके लिए सरकार एवं जनता दोनों की सक्रिय भागीदारी अपेक्षित होगी।

ऑनलाइन सेवाएँ

भारत सरकार की ई–मेल नीति : यह नीति भारत सरकार की ई–मेल सेवाओं के उपयोग के सम्बन्ध में दिशानिर्देश निर्धारित करती है। यह नीति भारत सरकार की ई–मेल सेवा का उपयोग करने वाले भारत सरकार के सभी कर्मचारियों/राज्यों/केन्द्रशासित प्रदेशों के उन कर्मचारियों पर भी लागू होती है जो भारत सरकार की ई–मेल सेवा का उपयोग करना चाहेंगे। इस नीति का उद्देश्य उपयोगकर्ताओं द्वारा भारत सरकार की ई–मेल सेवाओं तक सुरक्षित पहुँच और उपयोग को सुनिश्चित करना है। सभी सरकारी कर्मचारियों के लिए ई–मेल नियम बनाये गये हैं। ई–मेल एवं सरकारी कम्प्यूटर नेटवर्कों पर कार्य करते वक्त उन्हें इन नियमों का पालन करना अनिवार्य है।

ओपन एप्लीकेशन प्रोग्रामिंग इण्टरफेसेज पर नीति (एपीआई) : सरकार की एपीआई नीति का उद्देश्य सभी ई–गवर्नेंस एप्लीकेशनों तथा प्रणालियों के लिए सॉफ्टवेयर के अर्न्तसंचालन को प्रोत्साहित करना तथा नागरिकों सहित सभी हितधारकों की भागीदारी को बढ़ावा देने के लिए डेटा और सेवाओं तक एक्सेस प्रदान करना है।

ई–गवर्नेंस सक्षमता रूपरेखा (ई–जीसीएफ) : टूल किट में सरकारी कर्मचारियों के लिए यूजर्स नॉलेज एरिया का सेट होता है। इस रूपरेखा का उद्देश्य क्षमता सृजन योजना को सुदृढ़ बनाना है ताकि ई–गवर्नेंस के अन्तर्गत विभिन्न कार्य भूमिकाओं के लिए आवश्यक सक्षमता आधारित प्रणाली के माध्यम से सक्षमता को चिह्नित और परिभाषित किया जा सके। सेवाओं की गुणवत्ता में परिवर्तन करने तथा एकीकृत सेवाएँ प्रदान करने के लिए 'ई–क्रान्ति' पहल का उद्देश्य क्लाउड और मोबाइल प्लेटफॉर्म जैसी उभरती प्रौद्योगिकी का उपयोग करना और सेवाओं को एकीकृत करने पर ध्यान केन्द्रित करना है। इस कार्यक्रम का सिद्धान्त परिवर्तन करना है, कार्य में परिणत करना नहीं। इसका उद्देश्य एकीकृत सेवाएँ प्रदान करना है, व्यक्तिगत सेवाएँ देना नहीं।

एक अन्य महत्त्वपूर्ण पहल 'जीवन प्रमाण' है जिसका उद्देश्य पेंशनधारकों को आधार आधारित डिजिटल जीवन प्रमाण–पत्र प्रदान करना है। इस पोर्टल पर 15.96 लाख पेंशनधारकों ने पंजीकरण कराया है और पोर्टल लॉन्च किये जाने के बाद से 10.81 लाख डिजिटल प्रमाण–पत्र सफलतापूर्वक तैयार किये गये हैं। 'डिजिटल लॉकर प्रणाली' की परिकल्पना एक प्लेटफॉर्म के रूप में की गयी है जिससे नागरिक सेवा प्रदाताओं से अपना दस्तावेज साझा कर सकेंगे और सेवा प्रदाता इलेक्ट्रॉनिक रूप से नागरिकों के दस्तावेजों को एक्सेस कर सकेंगे और दस्तावेज पर डिजिटल हस्ताक्षर कर सकेंगे। संगठनात्मक उपयोगकर्ताओं को ई–साइन सुविधा देने के लिए गजट अधिसूचना 27 अप्रैल, 2016 को जारी की गयी।

विभिन्न विभागों की सरकारी सेवाओं को एकीकृत करने के लिए मोबाइल सेवा कार्यक्रम शुरू किया गया हैं। स्वास्थ्य, शिक्षा, कृषि, ऊर्जा, सामाजिक कल्याण तथा ई–गवर्नेंस पर सूचना प्रदान करने के लिए 10 से अधिक भाषाओं में 'विकासपीडिया' पोर्टल लांच किया गया है। इसमें और भाषाओं को जोड़ा जायेगा।

Mygov.in एक अभिनव प्लेटफॉर्म है। इसका उद्देश्य सरकार के निर्णयों में जन भागीदारी सुनिश्चित करना है ताकि सुशासन का लक्ष्य प्राप्त किया जा सके। यह नागरिकों और विश्वभर के शुभेच्छुओं के लिए महत्त्वपूर्ण विषयों पर भारत के प्रधानमन्त्री के साथ अपने विचार साझा करने का अवसर प्रदान करता है।

ओपन गवर्नमेण्ट डेटा (ओजीडी) भारत सरकार के ओपन डेटा कार्यक्रम को समर्थन देने वाला मंच है। इस पोर्टल का उपयोग भारत सरकार के मन्त्रालयों/विभागों द्वारा किया जाता है ताकि मन्त्रालय और विभाग लोगों के उपयोग के लिए संगृहीत डेटासेट्स, दस्तावेजों, सेवाओं, टूल्स तथा एप्लीकेशनों (अनुप्रयोगों) को प्रकाशित कर सकें। इसका उद्देश्य सरकार के कामकाज में पारदर्शिता को प्रोत्साहित करना और अन्य नवाचारी उपयोगों (Innovative usages) के लिए अवसर प्रदान करना है।

ई–सम्पर्क डेटाबेस जन प्रतिनिधियों तथा सरकारी कर्मचारियों को सन्देश और ई–मेल भेजने के लिए विकसित किया गया है। इस डेटाबेस में 1.98 लाख ई–मेल एड्रेस और 12 करोड़ मोबाइल नम्बर हैं। 563 अभियानों के लिए मेलर्स/भेजी गयी ई–मेल्स की संख्या 301 करोड़ से अधिक है। बायोमीट्रिक अटेंडेंस प्रणाली (एईबीएस) में दक्षता लाने के

लिए इलेक्ट्रॉनिक्स और सूचना प्रौद्योगिकी मन्त्रालय द्वारा आधार सक्षम बायोमीट्रिक अटेंडेंस प्रणाली लागू की गयी है। लगभग सभी सरकारी कार्यालयों में यह प्रणाली कार्यरत है।

ई–पेमेण्ट संरचना : अब सभी भुगतान और प्राप्तियाँ इलेक्ट्रॉनिक मोड में होंगी। ऑनलाइन भुगतान के लिए सामूहिक मंच payonline.gov.in पोर्टल लांच किया गया है। 'पेटीएम' भी ई–पेमेण्ट का ही एक जरिया है।

ई–अस्पताल : बाह्यरोगी पंजीकरण (ओआरएफ), सरकारी अस्पतालों में ऑनलाइन ओपीडी अपॉइण्टमेण्ट सुविधा के लिए है। इसमें रोगी देखभाल, 'प्रयोगशाला सेवाएँ तथा चिकित्सा रिकॉर्ड प्रबन्धन को कवर किया गया है।

ई–जिले : यह राष्ट्रीय ई–गवर्नेंस कार्यक्रम के अन्तर्गत 44 मिशन मोड परियोजनाओं में से एक है। इस परियोजना का नोडल मन्त्रालय इलेक्ट्रॉनिक्स और सूचना प्रौद्योगिकी मन्त्रालय है और इसे राज्य सरकारों तथा उनकी निर्दिष्ट एजेंसियों द्वारा लागू किया जायेगा। मिशन मोड परियोजना का उद्देश्य ऐसे जिला और उप जिला स्तर पर, जो किसी अन्य मिशन मोड परियोजना का हिस्सा नहीं हैं, चिह्नित नागरिक केन्द्रित सेवाओं की इलेक्ट्रॉनिक डिलिवरी करना है। मिशन मोड परियोजना में नागरिकों को उनके दरवाजे पर इलेक्ट्रॉनिक तौर पर लोक सेवाएँ प्रदान करने के लिए ई–अवसंरचना के चार स्तम्भों–राज्य डाटा केन्द्र (एसडीसी), एसडब्ल्यूएन, राज्य सेवा डिलिवरी गेटवे तथा समान सेवा केन्द्र (सीएससी) के अधिकतम उपयोग का प्रावधान है। यह परियोजना 553 जिलों में लॉन्च की गयी है और लगभग 890 ई–सेवाएँ भी लांच की गयी हैं।

समान सेवा केन्द्र : इस योजना का उद्देश्य भारत के 6 लाख गाँवों में आईसीटी सक्षम फ्रण्ट एण्ड सेवा आउटलेट प्रदान करना है। ऐसे इण्टरनेट सक्षम केन्द्रों से नागरिकों को सरकारी, निजी कौशल विकास, डिजिटल साक्षरता, स्वास्थ्य और वित्तीय सेवाओं तक एक्सेस की अनुमति होती है। बैंकिंग, बीमा तथा प्रधानमन्त्री जन–धन योजना के अन्तर्गत पेंशन सेवाओं ने समान सेवा केन्द्रों (सीएससी) को जीवन्त बना दिया है। डिजिटल साक्षरता प्रसार के लिए डिजिटल साक्षरता अभियान (डीआईएसएचए) से समान सेवा केन्द्रों के माध्यम से नागरिकों को सक्रिय भागीदारी सक्षम बनाया गया है। आधार नामांकन/अपडेट को समान नागरिक सेवा केन्द्रों के जरिए सक्षम बनाया गया है। 31 अगस्त, 2017 तक 3,00,774 समान सेवा केन्द्र शुरू किये गये हैं।

राज्यव्यापी एरिया नेटवर्क (एसडब्ल्यूएएन) : एसडब्ल्यूएएन को ई–गवर्नेंस कार्यक्रम को समर्थन देने के लिए मुख्य इंफ्रास्ट्रक्चर तत्व के रूप में चिह्नित किया गया है। इलेक्ट्रॉनिक्स और सूचना प्रौद्योगिकी मन्त्रालय ने कार्यक्रम गतिविधि को समर्थन देने के लिए धन का आवंटन किया है। राष्ट्रीय ई–गवर्नेंस कार्ययोजना के अन्तर्गत ब्लॉक स्तर तक एनआईसी एनयीटी/राज्यव्यापी एरिया नेटवर्क (एसडब्ल्यूएएन) के माध्यम से सम्पर्क प्रदान करने का प्रस्ताव है। इसका उद्देश्य 34 राज्यों/केन्द्रशासित प्रदेशों के विभागों में क्षमता सृजन करना है। इसका उद्देश्य परियोजना–टीमों की सक्षमता को बढ़ाना और परियोजना सम्बन्धी परिकल्पना और डिलीवरी की समझ कायम करना है।

जीआई क्लाउड : क्लाउड संगणना के उपयोग और लाभ देने के लिए भारत सरकार ने महत्त्वाकांक्षी और महत्त्वपूर्ण कार्यक्रम 'जी क्लाउड' प्रारम्भ किया है। इस कार्यक्रम का फोकस रणनीति विकसित करने तथा सरकार में क्लाउड के प्रसार सुनिश्चित करने के लिए सरकारी व्यवस्था सहित विभिन्न घटकों को लागू करने पर है। क्लाउड नीति तैयार करना एक प्राथमिक कदम है जो सरकार द्वारा क्लाउड को बड़े पैमाने पर अपनाने में सहायक होगा। जीआई क्लाउड का प्रमुख उद्देश्य आईसीटी अवसरंचना का अधिकतम उपयोग करना, ई–शासन एप्लीकेशनों को तेजी से विकसित और तैनात करना, सफल एप्लीकेशनों की तेजी से नकल करना और एक स्थान पर समान मानक का अनुसरण करते हुए प्रमाणित एप्लीकेशन उपलब्ध कराना है।

राष्ट्रीय जियो–इंफॉरमेटिक्स सेण्टर (एनसीओजी) : यह केन्द्र सरकारी मन्त्रालयों/विभागों को जीआईएस आधारित सेवाएँ प्रदान करता है। एनसीओजी वर्तमान में विभिन्न संगठनों के लिए जीआईएस आधारित निर्णय समर्थ प्रणाली तैयार करने का काम कर रहा है। ग्राम स्तर, प्रमुख सड़कों, नदियों, रेल तक प्रशासनिक सीमाओं के लिए पूरे देश में 1:10,000 के स्केल पर बेस मैप लेयर्स पूरे कर लिए गये हैं। जीआईएस आधारित निर्णय समर्थ प्रणाली (डीएसएस) प्लेटफॉर्म निम्नलिखित के लिए विकसित और प्रस्तुत किये गये हैं :

- सरकारी भूमि सूचना प्रणाली (शहरी विकास मन्त्रालय);
- ग्रामीण विद्युतीकरण निगम;
- खान सूचना प्रणाली (खान मन्त्रालय);

- एआईसीटीई के लिए डीएसएस;
- लवण (नमक) पटल सूचना प्रणाली (डीआईपीपी);
- पीईएसए तथा नेशनल एसेट्स (Asets) डायरेक्टरी (कार्मिक मन्त्रालय); तथा
- सीएससी स्थानों के साथ ई–जिला सेवाएँ (इलेक्ट्रॉनिक्स और सूचना प्रौद्योगिकी मन्त्रालय)।

ई–अवसंरचना : ई–अवसंरचना में अग्रणी सहयोग के लिए आवश्यक टूल्स, सुविधाएँ और संसाधन होते हैं। इसमें इण्टरनेट ब्रॉडबैण्ड चैनल, कम्प्यूटिंग पावर, बैण्डविड्थ प्रोविजनिंग, डेटा स्टोरेज, ग्रिड आधारित संसाधन भागीदारी जैसी विभिन्न प्रौद्योगिकी का एकीकरण शामिल है। सूचना और संचार टेक्नोलॉजी (आईसीटी) के विकास को बनाये रखने के लिए तथा उच्च स्पर्धा बाजार को प्रेरित करने वाली वैश्विक चुनौतियों का मुकाबला करने के लिए गुणवत्तासम्पन्न अवसंरचना, अनुसन्धान और विकास प्रयासों को प्रोत्साहन, संचार में बौद्धिक सम्पदा सृजन, इण्टरनेट तथा ब्रॉडबैण्ड प्रौद्योगिकी में निरन्तर निवेश करना तथा सम्बन्धित नीतिगत विषयों का समाधान करना आवश्यक है। इस सम्बन्ध में सरकार ने सूचना प्रौद्योगिकी निवेश क्षेत्र (2008) शुरू किया ताकि सूचना प्रौद्योगिकी (आईटी)/सूचना प्रौद्योगिकी सक्षम सेवाएँ (आईटीईएस)/इलेक्ट्रॉनिक हार्डवेयर मैन्युफैक्चरिंग (ईएचएम) इकाइयों में निवेश को प्रोत्साहित किया जा सके। राष्ट्रीय सार्वभौमिक इलेक्ट्रॉनिक सुगमता नीति (2013) बनायी गयी ताकि इलेक्ट्रॉनिक्स तथा आईसीटी सुगमता के सम्बन्ध में दिव्यांगों के समक्ष आने वाली बाधाओं को दूर किया जा सके।

सूचना प्रौद्योगिकी निवेश क्षेत्र (आईटीआईआर) : सरकार ने एक पारदर्शी और निवेश अनुकूल नीति बनाकर तथा सूचना प्रौद्योगिकी निवेश क्षेत्रों की स्थापना करके निवेश आकर्षित करने का निर्णय लिया है। सूचना प्रौद्योगिकी निवेश क्षेत्रों में उत्कृष्ट अवसंरचना और निवेश अनुकूल वातावरण होगा। ऐसे केन्द्र समान अवसंरचना और समर्थनकारी सेवाओं के उपयोग से स्थानिक समानता, नेटवर्किंग और बेहतर सक्षमता का लाभ उठा सकेंगे। इन केन्द्रों से निर्यात में तेजी आयेगी और रोजगार के अवसर पैदा होंगे। आईटीआईआर निवेश क्षेत्रों को लगभग 40 वर्ग कि.मी. के क्षेत्र में विशेष रूप से अलग बनाया गया। यहाँ उत्पादन, इकाइयों, जनोपयोगी सुविधाओं, लॉजिस्टिक, पर्यावरण संरक्षण व्यवस्था, रिहायशी क्षेत्रों तथा प्रशासनिक सेवाओं का लाभ मिलेगा।

सार्वभौमिक इलेक्ट्रॉनिक सुगमता : इलेक्ट्रॉनिक्स और आईसीटी दिव्यांग व्यक्तियों की बाधाओं को दूर करने के साथ–साथ उन्हें दैनिक जीवन में स्वतन्त्र रूप से भाग लेने में भी सहायक होंगे। राष्ट्रीय इलेक्ट्रॉनिक सुगमता नीति इस मन्त्रालय द्वारा बनायी गयी है। यह नीति दिव्यांगता के आधार पर भेदभाव खत्म करना आवश्यक मानती है और इलेक्ट्रॉनिक्स तथा आईसीटी की समान सुगमता में सहायक है। यह नीति दिव्यांग लोगों की विविधताओं को मान्यता देते हुए उनकी विशेष आवश्यकताओं को पूरा करती है।

इलेक्ट्रॉनिक्स तथा आईटी और आईटीईएस : अनुमान है कि 2020 तक भारत में इलेक्ट्रॉनिक उत्पादों और प्रणालियों की माँग बढ़कर लगभग 400 खरब डॉलर हो जायेगी। घरेलू उत्पादन वृद्धि की पारम्परिक दर से 2020 तक केवल 100 खरब डॉलर की माँग पूरी करना ही सम्भव हो पायेगा। सरकार इलेक्ट्रॉनिक्स और आईटी हार्डवेयर उत्पादन को उच्च प्राथमिकता देती है। इलेक्ट्रॉनिक्स और आईटी हार्डवेयर निर्माण में साइबर सुरक्षित ईको सिस्टम/पारिस्थितिक तन्त्र में सहायक होने के अतिरिक्त घरेलू धन और रोजगार सृजन की काफी क्षमता है। निर्माण के क्षेत्र में सबसे अधिक ध्यान इलेक्ट्रॉनिक उद्योग में घरेलू निर्माण पर है। इसके लिए केन्द्रीय बजट 2016–17 में अन्तरीय शुल्क ढाँचे का कुछ इलेक्ट्रॉनिक सामग्री तक विस्तार करके शुल्क ढाँचे को तर्कसंगत बनाया गया। बजट में सेमी कण्डक्टर वेफर तथा एलसीडी फेब्रिकेशन इकाइयों को प्रोत्साहन का संकल्प व्यक्त किया गया है। बजट में पॉपुलेटेड पीसीबी के स्वदेशी निर्माण को प्रोत्साहन देने की भी व्यवस्था की गयी है। सरकार द्वारा उठाये गये कुछ प्रमुख कदम इस प्रकार हैं–

इलेक्ट्रॉनिक उत्पादन/निर्माण समूह (ईएमसी) : सेमीकण्डक्टरों, पुर्जों और इलेक्ट्रॉनिक उत्पादों के निर्माण के लिए निवेश आकर्षित करने में प्रमुख बाधाओं में एक है जरुरी सामान की उपलब्धता और विश्वसनीय अवसंररचना। सरकार का ईएमसी के अन्दर इलेक्ट्रॉनिक सिस्टम डिजाइन तथा मैन्युफैक्चरिंग (ईएमडीएम) को प्रोत्साहन पैकेज देने का प्रस्ताव है। इसके फलस्वरूप देश में उत्पादन के क्षेत्र में प्रगति होगी, उद्यमितापूर्ण पारिस्थितिकी प्रणाली विकास में मदद देंगे, नवाचार को प्रेरित करेंगे तथा रोजगार के अवसर बढ़ा कर और कर राजस्व से क्षेत्र के आर्थिक विकास को प्रेरित करेंगे। आठ राज्यों में 1,203 करोड़ रुपये की लागत के साथ ग्रीनफील्ड इलेक्ट्रॉनिक्स मैन्युफैक्चरिंग क्लस्टर्स स्थापित करने के लिए

आठ आवेदनों तथा ब्राउनफील्ड क्लस्टर में समान सुविधा केन्द्र की स्थापना के लिए एक आवेदन को अन्तिम स्वीकृति दी गयी है।

संशोधित विशेष प्रोत्साहन पैकेज योजना (एमएसआईपीएस) : भारत में ईएसडीएम उद्योग उच्च कारोबारी लागत, जटिल प्रशासनिक प्रक्रियाओं तथा बुनियादी कमजोरी जैसी चुनौतियों का सामना कर रहे हैं। इन चुनौतियों से निपटने के लिए एम–एसआईपीएस प्रोत्साहन देती है ताकि ईएसडीएम क्षेत्र तथा ईएमसी में घरेलू और वैश्विक निवेश आकर्षित किया जा सके।

इलेक्ट्रॉनिक विकास कोश नीति : इसे मन्त्रिमण्डल अनुसन्धान और विकास, नवाचार तथा इलेक्ट्रॉनिक्स, आईटी/नैनो इलेक्ट्रॉनिक्स में आईपी जनरेशन को समर्थन देने में उद्यम कोशों की भागीदारी प्रदान करने के लिए दिसम्बर 2014 में स्वीकृति दी। सरकार ने इलेक्ट्रॉनिक विकास कोष, के फण्ड मैनेजर के रूप में कैनबैंक वेंचर कैपिटल फण्ड लिमिटेड (सीवीसीएफएल) की नियुक्ति की है। ईडीएफ की शुरुआत 15 फरवरी, 2016 में की गयी। ईडीएफ, प्रबन्धन बोर्ड ने जून 2016 तक अन्तिम वचनबद्धता के लिए 179 करोड़ रुपये के 4 कन्या कोश तथा 510 करोड़ के 12 कन्या कोश की सिद्धान्त रूप में वचनबद्धता की सिफारिश की है।

भारतीय बीपीओ प्रोत्साहन योजना (आईबीपीएस) में सरकार ने बारहवीं पंचवर्षीय योजना की शेष अवधि यानी 31 मार्च, 2017 तक लगभग 493 करोड़ रुपये के आवंटन के साथ छोटे शहरों और ग्रामीण क्षेत्रों सहित पूरे देश में बीपीओ/आईटीईएस संचालन को प्रोत्साहन देने के लिए आईपीएस को मंजूरी दी है। भारत सरकार के इलेक्ट्रॉनिक्स और सूचना प्रौद्योगिकी मन्त्रालय के अन्तर्गत स्वशासी सोसायटी सॉफ्टवेयर टेक्नोलॉजी पार्क ऑफ इण्डिया (एसटीपीआई) को आईबीपीएस लागू करने के लिए नोडल एजेन्सी बनाया गया है।

पूर्वोत्तर बीपीओ प्रोत्साहन योजना (एनयीबीपीएस) : पूर्वोत्तर क्षेत्र में युवाओं के लिए रोजगार अवसर पैदा करने तथा सूचना प्रौद्योगिकी सक्षम उद्योग के विकास के लिए बीपीओ/सूचना प्रौद्योगिकी सक्षम संचालनों को बढ़ावा देने के लिए डिजिटल इण्डिया कार्यक्रम के अन्तर्गत एनयीबीपीएस को स्वीकृति दी गयी है। इस योजना का उद्देश्य सम्भाव्यता अन्तर धनपोषण के रूप में वित्तीय समर्थन के साथ 5,000 सीटों की स्थापना को प्रोत्साहित करना है।

टेक्नोलॉजी इन्क्यूबेशन तथा उद्यमी विकास (टीआईडीई) : इसका उद्देश्य, उच्च शिक्षण संस्थानों के टेक्नोलॉजी इन्क्यूबेशन केन्द्रों को सुदृढ़ बनाने के लिए संस्थान की सहायता करना है ताकि युवा उद्यमी विकसित प्रौद्योगिकी का वाणिज्यिक लाभ लेने के लिए टेक्नालॉजी स्टार्टअप कम्पनी शुरू कर सकें। इन्क्यूबेशन केन्द्र नये उद्यमियों को अनेक प्रकार की सेवाएँ देते हैं और कम्पनियों के अस्तित्व और विकास के लिए सम्पर्क सहायता होते हैं। इन्क्यूबेशन केन्द्र स्टार्टअप कम्पनियों को परामर्श और वित्तीय समर्थन देने वाले बड़े निवेशकों तथा उद्यम पूँजीपतियों के साथ नेटवर्क बनाते हैं। बड़े निवेशक और उद्यम पूँजीपति स्टार्टअप कम्पनियों को 2–3 वर्षों में सक्षम बनाने में मदद करते हैं ताकि कम्पनियाँ वास्तविक व्यवसाय के लिए वाणिज्यिक स्थान में कदम रख सकें।

राष्ट्रीय सुपरकम्प्यूटिंग मिशन (एनएसएम) : यह मिशन 7 वर्षों में 4,500 करोड़ रुपये के आवंटन के साथ शुरू किया गया ताकि भारत विश्व स्तरीय कम्प्यूटिंग शक्तियों की श्रेणी में पहुँच सके।

नया केन्द्र सोसायटी फॉर अप्लाइड माइक्रोवेव इलेक्ट्रॉनिक्स इंजीनियरिंग एण्ड रिसर्च (एसएएमईईआर) : इसे इलेक्ट्रोमैग्नेटिक प्रभावों के लिए विशाखापत्तनम में स्थापित किया गया है। इसकी स्थापना उच्च विशेषज्ञता वाले अत्याधुनिक ईएमआई/ईएमसी परीक्षण तथा इलेक्ट्रोमैग्नेटिक पल्स (ईएमपी) तथा पल्स करण्ट इंजेक्शन (पीसीआई) सहित मापन सुविधाओं के लिए की गयी है ताकि देश की सामरिक और नागरिक आवश्यकताओं की पूर्ति की जा सके।

5जी प्रौद्योगिकी पर सहयोगी अनुसन्धान परियोजना : प्रतिष्ठित संस्थान आईआईटी मुम्बई, आईआईटी हैदराबाद, आईआईटी मद्रास, आईआईएससी बैंगलूरु तथा सीईडब्ल्यूआईटी (आईआईटी मद्रास में वायरलेस प्रौद्योगिकी में उत्कृष्टता केन्द्र) में 5जी प्रौद्योगिकी पर सहयोगी अनुसन्धान परियोजना शुरू की गयी है। अनुसन्धान दल संयुक्त रूप से अग्रणी स्टीम्युलेटर तथा टेक्नोलॉजी प्रोटोटाइप विकसित करेंगे। इस परियोजना में विकसित आईपीआर को योगदान 5जी मानकीकरण के लिए किया जायेगा। वैश्विक धरातल पर भारत का आई.टी. के क्षेत्र में यह महत्त्वपूर्ण कदम है।

नेशनल सेण्टर ऑफ एक्सेलेंस लार्ज फॉर एरिया फ्लेक्सिबल इलेक्ट्रॉनिक (एनसीएफएलईएक्सई) : इस केन्द्र की स्थापना आईआईटी कानपुर द्वारा की गयी इसका उद्देश्य टिकाऊ विकास को बढ़ावा देना, इण्टरनेट

गवर्नेंस में भारत की भूमिका को बढ़ाना, बहुआयामी दृष्टिकोण अपनाना जिसमें मानव संसाधनों का विकास, अनुसन्धान, विकास और नवाचार को बढ़ावा देना, डिजिटल सेवाओं द्वारा कार्य–कुशलता को बढ़ाना और सुरक्षित साइबर स्पेस सुनिश्चित करना है।

डिजिटल इण्डिया कार्यक्रम के कारण इलेक्ट्रॉनिक्स और सूचना प्रौद्योगिकी मन्त्रालय की भूमिका बढ़ गयी है। कार्यक्रम का लक्ष्य भारत को डिजिटल रूप से सशक्त समाज और ज्ञान अर्थव्यवस्था में परिवर्तित करना है। कार्यक्रम के तीन विजन हैं–प्रत्येक नागरिक के लिए उपयोगिता के रूप में डिजिटल अवसंरचना माँग के आधार पर गवर्नेंस और सेवाएँ तथा देश में डिजिटल खाई को पाट कर नागरिकों को डिजिटल रूप से सशक्त बनाना। यह परिवर्तनकारी कार्यक्रम अवसंरचना, विनिर्माण, कौशल तथा डिलिवरी प्लेटफॉर्म की समग्र क्षमता को बनाने के लिए तैयार किया गया है जो कालक्रम में आत्मनिर्भर ज्ञान अर्थव्यवस्था बनाने में नेतृत्व करेगा।

प्रत्येक नागरिक की उपयोगिता के रूप में डिजिटल अवसंरचना में नागरिक सेवा प्रदान करने के लिए हाई स्पीड इण्टरनेट की उपलब्धता, प्रत्येक नागरिक के लिए डिजिटल पहचान, मोबाइल फोन और बैंक खातों से डिजिटल और वित्तीय क्षेत्र में नागरिकों की भागीदारी, पब्लिक क्लाउड के बीच निजी स्थान बनाना और देश में सुरक्षित और सुदृढ़ साइबर स्पेस गठित करना।

'ऑन डिमाण्ड' गवर्नेंस और सेवाओं में सभी विभागों या क्षेत्राधिकारों को एकीकृत सेवा प्रदान करना, ऑनलाइन तथा मोबाइल प्लेटफॉर्मों पर वास्तविक समय में सेवाओं की उपलब्धता, कारोबारी सहजता के लिए डिजिटल रूप में परिवर्तित सेवाएँ, निर्णय सम्बन्धी सहयोग प्रणाली और विकास के लिए ग्लोबल इन्फॉरमेशन सिस्टम (जीआईएस) का लाभ उठाना शामिल है।

नागरिकों को डिजिटल रूप से सशक्त बनाने के लिए वैश्विक डिजिटल साक्षरता उपलब्ध कराना, डिजिटल स्त्रोतों तक आसान पहुँच बनाना, सभी सरकारी दस्तावेज/प्रमाण–पत्र क्लाउड पर उपलब्ध कराना और क्लाउड के माध्यम से सभी के अधिकार सुनिश्चित करना है।

डिजिटल इण्डिया कार्यक्रम के अन्तर्गत विकास के नौ स्तम्भों यथा–ब्रॉडबैण्ड हाइवे, मोबाइल कनेक्टिविटी से सभी को जोड़ना, पब्लिक इण्टरनेट एक्सेस कार्यक्रम, ई–गवर्नेंस, तकनीक के माध्यम से प्रशासनिक सुधार, ई–क्रान्ति सेवाओं की इलेक्ट्रॉनिक डिलीवरी, सबके लिए सूचना की उपलब्धता, इलेक्ट्रॉनिक्स विनिर्माण, सूचना प्रौद्योगिकी का नौकरियों और

अच्छी पैदावार के लिए कृषि कार्यक्रमों में इस्तेमाल को प्रोत्साहित किया जा रहा है। सरकार का पूरा ध्यान डिजिटल इण्डिया कार्यक्रम के विभिन्न घटकों को एकीकृत रूप से लागू करने पर केन्द्रित है। इलेक्ट्रॉनिक्स और सूचना प्रौद्योगिकी मन्त्रालय द्वारा डिजिटल इण्डिया कार्यक्रम का समन्वय केन्द्रीय मन्त्रालयों और राज्यों के विभागों के साथ किया जाता है।

इलेक्ट्रॉनिक्स और सूचना प्रौद्योगिकी अधिनियम, 2000 में इलेक्ट्रॉनिक्स डेटा के आदान–प्रदान द्वारा इलेक्ट्रॉनिक सूचना के अन्य साधनों जिन्हें सामान्यतः 'इलेक्ट्रॉनिक वाणिज्य' या 'ई–कॉमर्स' कहा जाता है जिसमें पत्र–व्यवहार और सूचना के भण्डारण के कागज आधारित विकल्पों का उपयोग शामिल है, किये गये कार्यों को विधिक मान्यता देने तथा सरकारी अभिकरणों को इलेक्ट्रॉनिक्स रूप में फाइल करने का प्रावधान है। यानी, संक्षेप में कहें तो 'ई–कॉमर्स' में कोई भी लेन–देन, कागजात प्रबन्धन सिर्फ डिजिटल होता है–पेपरलैस।

इस अधिनियम में सूचना प्रौद्योगिकी अधिनियम, 2008 के माध्यम से संशोधन किया गया। इस संशोधन में 'डिजिटल हस्ताक्षर' के स्थान पर 'इलेक्ट्रॉनिक हस्ताक्षर' शब्द रखा गया है। इस संशोधन के माध्यम से नये खण्ड जोड़ने के साथ–साथ विभिन्न खण्डों में बड़े परिवर्तन किये गये।

नेशनल सेण्टर ऑफ एक्सेलेंस इन टेक्नोलॉजी फॉर इण्टरनल सिक्योरिटी (एनसीईटीआईएस) : इस केन्द्र की स्थापना आईआईटी मुम्बई में की गयी। यह केन्द्र राज्य पुलिस बलों के लिए संसाधन केन्द्र के रूप में काम करेगा और टेक्नोलॉजी चयन, पसन्द के बढ़िया उत्पाद तथा प्रौद्योगिकी रोडमैप परामर्श तथा अन्य सलाहकार सेवाएँ प्रदान करेगा।

सूचना प्रौद्योगिकी अनुसन्धान अकादमी (आईटीआरए) : यह भारत सरकार के इलेक्ट्रॉनिक्स और सूचना प्रौद्योगिकी मन्त्रालय द्वारा शुरू किया गया कार्यक्रम है। इसका उद्देश्य सूचना तथा संचार टेक्नोलॉजी और इलेक्ट्रॉनिक्स में (आईटी) अनुसन्धान और विकास की गुणवत्ता तथा मात्रा को बढ़ाने के लिए राष्ट्रीय संसाधन तैयार करना, आईटी आधारित समस्या के समाधान में अकादमिक संस्कृति को सुदृढ़ बनाना और सामाजिक विकास में बढ़ते अकादमिक और अनुसन्धान संस्थानों में इसके एप्लीकेशनों को बनाना है। आईटीआरए को इस तरह डिजाइन किया गया है कि इससे अधिक से अधिक अनुसन्धानकर्ता निकलें जो नवीनतम आईटी ज्ञान रखते हों, समाधान विकसित करने में सम्बन्धित ज्ञान में शिक्षित हों, समाधान योग्य

समस्याओं को ढूँढ़ने में प्रशिक्षित हों, आईटी तथा अन्य क्षेत्रों में सामाजिक समस्याओं की पहचान करने के लिए प्रेरित हों तथा लैब नतीजों को चालू प्रोटोटाइप में बदलने की जानकारी रखते हों।

मानव संसाधन विकास : ईएसडीएम तथा आईटी/आईटी सक्षम सेवा में पीएच.डी. बढ़ाने की योजना (5 वर्षों में प्रतिवर्ष–1500)। इस योजना के लिए 466 करोड़ रुपये का खर्च प्रस्तावित है। अब तक 28 राज्यों/ केन्द्रशासित प्रदेशों के 96 अकादमिक संस्थानों में 1,436 फेलोशिप (1,086 पूर्णकालिक तथा 350 अंशकालिक) दिये गये हैं। संस्थानों में कुल 872 पीएच.डी. उम्मीदवारों (738 पूर्णकालिक तथा 134 अंशकालिक) का नामांकन हुआ है।

स्नातक स्तर/समकक्ष क्षेत्र : फैकल्टी विकास के लिए 7 इलेक्ट्रॉनिक्स और आईसीटी अकादमियों की स्थापना के लिए योजना–इस योजना के लिए 147.48 करोड़ रुपये का आवंटन किया गया है। इसका उद्देश्य आईआईआईटीडीएम, जबलपुर (मध्य प्रदेश), एनआईटी, वारंगल (तेलंगाना), एनआईटी, पटना (बिहार) तथा आईआईटी, गुवाहाटी (असम) में 4 इलेक्ट्रॉनिक्स और आईसीटी अकादमियों की स्थापना करना है। आईआईटी कानपुर, आईआईटी रुड़की तथा एमएनआईटी जयपुर में तीन और अकादमियों को मंजूरी दी गयी है।

सूचना, सुरक्षा, शिक्षा तथा जागरूकता (आईएसईए) चरण दो के अन्तर्गत देशभर में 51 संस्थान चिह्नित किये गये और सहमति ज्ञापन पर हस्ताक्षर किये गये हैं।

व्यावसायिक कौशल विकास : योजना 1–8 राज्यों के ईएसडीए में 90,000 व्यक्तियों का कौशल विकास; क्षेत्र कौशल परिषदों का प्रोत्साहन–इलेक्ट्रॉनिक्स, दूरसंचार, आईटी, आईटी सक्षम सेवाओं, स्वास्थ्य, सीबीएससी स्कूलों के लिए ऑटोमोटिव ऑनलाइन लैब्स (ओलैब्स)–गुड गवर्नेंस दिवस के दौरान इसे 28 दिसम्बर, 2015 को लांच किया गया। इस परियोजना का मुख्य उद्देश्य नेशनल नॉलेज नेटवर्क (एनकेएन) पर ओलैब सामग्री को होस्ट करना तथा सीबीएससी स्कूलों के 30,000 शिक्षकों को प्रशिक्षित करना है।

डिजिटल साक्षरता : इलैक्ट्रॉनिक्स और सूचना प्रौद्योगिकी मन्त्रालय ने जनता को डिजिटल साक्षरता प्रदान करने के लिए निम्नलिखित दो

योजनाओं को मंजूरी दी है। आईटी जन साक्षरता के लिए राष्ट्रीय डिजिटल साक्षरता मिशन को मार्च 2014 में मंजूरी दी गयी। सार्वभौमिक डिजिटल साक्षरता प्रदान कर नागरिकों को डिजिटल तौर पर सशक्त बनाना डिजिटल इण्डिया कार्यक्रम के विजय का अभिन्न घटक है।

सेण्टर फॉर डेवलपमेण्ट ऑफ एडवांस्ड कम्प्यूटिंग (सी–डैक) : सी–डैक आज सूचना प्रौद्योगिकी तथा इलेक्ट्रानिक्स में देश के प्रतिष्ठित अनुसन्धान और विकास संगठन के रूप में उभरा है। यह संगठन क्षेत्र में हुए वैश्विक विकास के सन्दर्भ में राष्ट्रीय प्रौद्योगिकी क्षमताओं को मजबूत बनाने और चुनिन्दा फाउण्डेशन क्षेत्रों में बाजार आवश्यकताओं में परिवर्तन हेतु प्रतिक्रियात्मक कार्य कर रहा है। उच्च अनुसन्धान और विकास संस्थान के रूप में सी–डैक सूचना प्रौद्योगिकी क्रान्तियों में अग्रणी रहा है, उभरती/सक्षम प्रौद्योगिकी में क्षमता सृजन कर रहा है, नवाचार कार्य में लगा है और देश की अर्थव्यवस्था के विभिन्न क्षेत्रों के लिए अपनी विशेषज्ञता, क्षमता, आईटी उत्पादों और समाधानों के विकास और तैनाती में निरन्तर रूप से क्षमता सृजन कर रहा है।

व्यावहारिक सूक्ष्म तरंग इलेक्ट्रॉनिक्स इंजीनियरिंग और अनुसन्धान (एसएएमईईआर) : एसएएमईईआर की स्थापना मुम्बई में स्वायत्त अनुसन्धान और विकास प्रयोगशाला के रूप में माइक्रोवेव इंजीनियरिंग तथा इलेक्ट्रोमैग्नेटिक प्रौद्योगिकी के क्षेत्र में अनुसन्धान और विकास कार्य करने के लिए की गयी थी। यह टाटा इंस्टीट्यूट ऑफ फण्डामेण्टल रिसर्च (टीआईएफआर) में 1977 में स्थापित विशेष माइक्रोवेव उत्पाद इकाई से निकली शाखा है। एसएएमईईआर, मुम्बई 1984 में स्थापित की गयी। एसएएमईईआर केन्द्र आरएफ/माइक्रोवेव (सूक्ष्म तरंग) तथा सम्बद्ध विषयों के हाई एण्ड प्रौद्योगिकी क्षेत्रों में कार्य करते हैं। यह हार्डवेयर की डिजाइनिंग, विकास और आपूर्ति का कार्य करता है। ताकि उच्च शक्ति आरएफ एम्प्लीफायर्स, संचार प्रणालियों, वायुमण्डलीय राडार इंस्ट्रूमेण्टेंशन, लीनियर एक्सेलेटर्स, आरएफ/माइक्रोवेव/मिलिमीटर वेव प्रणाली और फोटोनिक्स सहित विशेषज्ञता के महत्त्वपूर्ण क्षेत्रों की यूजर एजेंसियों की कठोर मानकों की पूर्ति की जा सके।

इलेक्ट्रॉनिक्स प्रौद्योगिकी के लिए सेण्टर फॉर मेटीरियल्स (सी मेट) : सी–मेट की स्थापना मुख्य रूप से इलेक्ट्रॉनिक्स के लिए पदार्थों के क्षेत्र में व्यावहारिक प्रौद्योगिकी के विकास के लिए इलेक्ट्रॉनिक्स विभाग (अब इलेक्ट्रॉनिक्स और सूचना प्रौद्योगिकी मन्त्रालय) के अन्तर्गत 1990 में

की गयी थी। सी–मेट अपनी पुणे, हैदराबाद और केरल के त्रिशूर स्थित प्रयोगशालाओं के माध्यम से कार्य रहा है।

शिक्षा और अनुसन्धान नेटवर्क (ईआरएनयीटी) : यह भारत सरकार के इलेक्ट्रॉनिक्स और सूचना प्रौद्योगिकी मन्त्रालय की स्वायत्तशासी वैज्ञानिक संस्था है। इसने देश में नेटवर्किंग के प्रसार में महत्त्वपूर्ण योगदान किया है। ईआरएनयीटी कनेक्टिविटी प्रदान करने के अतिरिक्त आईटी परामर्श, परियोजना प्रबन्धन तथा प्रशिक्षण के जरिये अकादमिक और अनुसन्धान संस्थानों की आवश्यकताओं को पूरा कर रही है। ईआरएनयीटी स्थलीय और वीसैट के माध्यम से शुरू से ही डोमेन नेट सेवाएँ और कनेक्टिविटी सेवाएँ दे रही है।

नेशनल ई–गवर्नेंस डिवीजन (एनयीजीडी) : देश में ई–गवर्नेंस की बढ़ती माँग को पूरा करने के लिए निजी और सरकारी क्षेत्रों के विशेषज्ञों को मिलाकर ई–गवर्नेंस डिवीजन की स्थापना की गयी। यह डिवीजन प्रोग्राम प्रबन्धन तथा डिजिटल इण्डिया कार्यक्रम को पूरा करने में प्रमुख भूमिका निभा रहा है। एनयीजीडी की कुछ प्रमुख गतिविधियों में सम्पूर्ण डिजिटल इण्डिया कार्यक्रम की निगरानी और समन्वय, तकनीकी समीक्षा, इलेक्ट्रॉनिक्स और सूचना प्रौद्योगिकी मन्त्रालय तथा अन्य केन्द्रीय मन्त्रालयों के परियोजना विभागों की सहायता शामिल है।

राष्ट्रीय सूचना विज्ञान केन्द्र (एनआईसी) : वर्ष 1976 में स्थापित राष्ट्रीय सूचना विज्ञान केन्द्र (एनआईसी) निचले स्तर तक ई–गवर्नमेण्ट/ई– गवर्नेंस एप्लीकेशन बनाने वाले वृहद संगठन और सतत विकास के लिए डिजिटल अवसर प्रोत्साहक के रूप में उभरा है। एनआईसी ने अपने 'एनआईसीएनयीटी' नेटवर्क के माध्यम से सभी मन्त्रालयों/केन्द्र सरकार के विभागों, 36 राज्य सरकारों/केन्द्रशासित प्रदेशों और लगभग 650 से अधिक भारत के जिला प्रशासनों के साथ संस्थापक सम्पर्क स्थापित कर दिया है। केन्द्र में सरकारी मन्त्रालयों/विभागों, राज्य, जिला तथा ब्लॉक तक ई–गवर्नमेण्ट/ई–गवर्नमेण्ट एप्लीकेशनों के संचालन में ये सहायक रहा है, सरकारी सेवाओं को सुधारने में सहायता दे रहा है, व्यापक पारदर्शिता ला रहा है और विकेन्द्रित प्रबन्धन और नियोजन को प्रोत्साहन दे रहा है ताकि लोगों के लिए बेहतर क्षमता और दायित्व का प्रदर्शन किया जा सके।

मानकीकरण परीक्षण तथा गुणवत्ता प्रमाणन निदेशालय (एसटीक्यूसी) : एसटीक्यूसी निदेशालय भारत सरकार के इलेक्ट्रॉनिक्स

और सूचना प्रौद्योगिकी मन्त्रालय का सम्बद्ध कार्यालय है। पूर्वोत्तर क्षेत्र सहित देशभर में एसटीक्यूसी निदेशालय द्वारा परीक्षण और कैलिबरेशन प्रयोगशालाएँ स्थापित की गयी हैं। ये प्रयोगशालाएँ अत्याधुनिक मानकों और उपकरणों से लैस हैं। ये प्रयोगशालाएँ उद्योग को परीक्षण, कैलिबरेशन, प्रशिक्षण तथा प्रमाणन सेवाएँ प्रदान करती हैं। वर्तमान में उद्योग, सरकारी विभाग और अनुसन्धान और विकास से जुड़े 10,000 संगठन एसटीक्यूसी की सेवाएँ ले रहे हैं।

नेशनल इण्टरनेट एक्सचेंज ऑफ इण्डिया (एनआईएक्सआई) : एनआईएक्सआई कम्पनी अधिनियम, 1956 की धारा–25 (अब कम्पनी अधिनियम, 2013 की धारा 8 के अन्तर्गत) के तहत स्थापित गैर–लाभकारी संगठन है जो इण्टरनेट सेवा प्रदाताओं को आपस में जोड़ता है और देश के अन्दर घरेलू ट्रैफिक का मार्ग तय करता है। इलेक्ट्रॉनिक्स और सूचना प्रौद्योगिकी मन्त्रालय के वित्त पोषण से एनआईएक्सआई निम्नलिखित गतिविधियाँ चला रहा है–1. इण्टरनेट एक्सचेंज, 2. आईएन रजिस्ट्री तथा अन्तरराष्ट्रीय डोमेन नेम (आईडीएन) और 3. नेशनल इण्टरनेट रजिस्ट्री (एनआईआर)।

राष्ट्रीय इलेक्ट्रॉनिक्स और सूचना प्रौद्योगिकी संस्थान (एनआईईएलआईटी) : एनआईईएलआईटी इलेक्ट्रॉनिक्स तथा सूचना प्रौद्योगिकी मन्त्रालय की वैज्ञानिक सोसायटी है। यह आईटी, इलेक्ट्रॉनिक्स, संचार प्रौद्योगिकी, हार्डवेयर, साइबर कानून, साइबर सुरक्षा, ईपीआर, जीआईएस, क्लाउड कम्प्यूटिंग, ईएसडीएम ई–कचरा, आईओटी, ई–गवर्नेंस तथा सम्बन्धित इकाइयों के क्षेत्र में क्षमता सृजन और कौशल विकास का कार्य सक्रिय रूप से कर रहा है। एनआईईएलआईटी औपचारिक और गैर–औपचारिक दोनों क्षेत्रों में पाठ्यक्रम का संचालन करता है और राष्ट्रीय परीक्षा निकायों में एक है जो संस्थानों/संगठनों को गैर–औपचारिक क्षेत्र में पाठ्यक्रम चलाने की मान्यता देते हैं। एनआईईएलआईटी अनेक राज्यों में कर्मचारियों और जनता के लिए आईटी साक्षरता कार्यक्रम प्रारम्भ करने के लिए अधिमान्य एजेन्सी है।

सॉफ्टवेयर टेक्नोलॉजी पार्क ऑफ इण्डिया (एसटीपीआई) : सॉफ्टवेयर टेक्नोलॉजी पार्क ऑफ इण्डिया (एसटीपीआई) की स्थापना 1991 में इलेक्ट्रॉनिक्स और सूचना प्रौद्योगिकी मन्त्रालय के अन्तर्गत सोसायटी के रूप में की गयी। इसका मुख्य उद्देश्य देश से सॉफ्टवेयर निर्यात को प्रोत्साहित करना है। एसटीपीआई सॉफ्टवेयर निर्यातकों के

लिए एकल खिड़की सुविधा केन्द्र का काम करता है। सॉफ्टवेयर निर्यातकों के लिए एसटीपीआई द्वारा दी गयी सेवा, डाटा संचार सेवाएँ, इन्क्यूबेशन सुविधाएँ, प्रशिक्षण तथा मूल्यवर्द्धित सेवाएँ है। एसटीपीआई ने सॉफ्टवेयर निर्यात प्रोत्साहन में एसएमई तथा स्टार्टअप इकाइयों पर फोकस के साथ महत्त्वपूर्ण भूमिका निभायी है। एसटीपीआई सॉफ्टवेयर टेक्नोलॉजी पार्क (एसटीपीआई) तथा इलेक्ट्रॉनिक्स हार्डवेयर टेक्नोलॉजी पार्क (ईएचटीपी) योजना को लागू करने के लिए उत्तरदायी है।

मीडिया लैब एशिया : भारत सरकार के इलेक्ट्रॉनिक्स और सूचना प्रौद्योगिकी मन्त्रालय द्वारा प्रोत्साहित मीडिया लैब एशिया गैर–लाभकारी कम्पनी है। इस कम्पनी का उद्देश्य जनसाधारण तक ईसीटी का लाभ पहुँचाना है। इसकी गतिविधियों में एप्लीकेशन क्षेत्र यथा–स्वास्थ्य सेवा, शिक्षा, जीविका तथा दिव्यांगों के सशक्तीकरण के लिए आईसीटी को शामिल करना है। कम्पनी विकास कार्य चलाने के लिए अनुसन्धान प्रयोगशालाओं का विस्तार कर विकास की विशिष्ट राह पर है। कम्पनी ने कुछ आईआईटी में केन्द्र बनाने के साथ शुरुआत की। ऐसी परियोजनाओं की सूची में 58 से अधिक परियोजना पार्टनर हैं। इन पार्टनरों में अकादेमिक और अनुसन्धान संस्थान, स्वयंसेवी संगठन तथा सरकारी एजेंसियाँ हैं। परियोजना कारपोरेट संस्थानों, सरकार (केन्द्र/राज्य) तथा स्थानीय पालिका निकाय/पंचायत द्वारा प्रायोजित की जा सकती हैं।

डिजिटल भारत की परिकल्पना : डिजिटल भारत की परिकल्पना का उद्देश्य देश को डिजिटल रूप से सशक्त समाज और ज्ञान अर्थव्यवस्था में बदलना है। यह कार्यक्रम चरणबद्ध तरीके से 2018 तक लागू किया जायेगा। कार्यक्रम की परिकल्पना इलेक्ट्रॉनिक्स और सूचना प्रौद्योगिकी विभाग ने की है। इसके माध्यम से सरकारी सेवाओं को इलेक्ट्रॉनिक रूप में बदल कर जनता के प्रति दायित्व को और पुख्ता बनाया जायेगा। इसमें विशिष्ट पहचान और ई–प्रमाण शामिल किये जायेंगे जो मौलिक तथा एकीकृत सरकारी एप्लीकेशन्स व डेटा आधारित होते हैं। ई–गवर्नेंस के लिए वर्तमान वित्तीय व्यवस्था केन्द्रीय और राज्य सरकारों के सम्बन्धित मन्त्रालयों/विभागों के बजट से की जाती है। डिजिटल इण्डिया के लिए स्वतन्त्र परियोजनाओं के लिए वित्तीय व्यवस्था नोडल मन्त्रालयों/विभागों से की जायेगी।

ई–ऑफिस

ई–ऑफिस के मुख्य उद्देश्य हैं–

1. सरकारी प्रतिक्रिया में सक्षमता, निरन्तरता और प्रभाव बढ़ाना।
2. परिवर्तन समय में कमी लाना तथा नागरिक चार्टर माँगों की पूर्ति करना।
3. प्रशासन गुणवत्ता को बढ़ाने के लिए कारगर संसाधन प्रबन्धन उपलब्ध कराना।
4. प्रौसेसिंग विलम्ब में कमी लाना।
5. पारदर्शिता और दायित्व स्थापित करना।
6. सिस्टम से सरकारी कार्यालयों में फाइलों की आवाजाही स्वचालित होगी।

शक्तियों का विकेन्द्रीकरण : अवकाश स्वीकृति जैसे कुछ मामलों में शक्तियाँ विकेन्द्रित की गयी हैं। सरकारी कार्यालयों में रुटीन कार्य एक से अधिक स्तरों पर होने लगे हैं।

पेंशन मामलों की ऑनलाइन प्रोसेसिंग : पेंशन मामलों की ऑनलाइन प्रोसेसिंग प्रारम्भ की जा रही है। इससे रिटायर्ड कर्मचारियों को सुविधा मिलेगी। उनके लाइफ प्रमाण–पत्र, हर महीने नियमित पेंशन भुगतान, एरिअर या समय–समय पर बढ़ने वाली अन्य राशि का ऑनलाइन बैंक खाते में समय पर भुगतान आदि इस प्रक्रिया के तहत सहज रूप से पूरे किये जा सकेंगे।

सशक्त और समर्थ भारत का जरिया डिजिटल इण्डिया : डिजिटल इण्डिया कार्यक्रम भारत को डिजिटल रूप से सशक्त समाज और सूचना अर्थव्यवस्था में बदलने की दृष्टि से भारत सरकार द्वारा कार्यान्वित एक प्रमुख कार्यक्रम है। इस कार्यक्रम के तीव्रता से हो रहे अनुपालन के सार्थक परिणाम देखने को मिल रहे हैं। जन–साधारण में डिजिटल इण्डिया के प्रति बढ़ते रुझान ने निःसन्देह एक सशक्त भारत का मार्ग प्रशस्त किया है।

हालाँकि भारत में ई–शासन पहल को नागरिक केन्द्रित सेवाओं पर जोर देने के साथ व्यापक क्षेत्रीय अनुप्रयोगों के लिए 1990 के दशक में एक व्यापक रूप दिया गया। सरकार की प्रमुख आईटी पहल में अन्य बातों के साथ–साथ कुछ बड़ी परियोजनाएँ जैसे रेलवे कम्प्यूटरीकरण, भू–अभिलेख कम्प्यूटरीकरण आदि शामिल हैं जिनका मुख्य ध्यान सूचना

प्रणाली के विकास पर केन्द्रित है। इसके बाद, कई राज्यों ने नागरिकों के लिए इलेक्ट्रॉनिक सेवाएँ प्रदान करने के उद्देश्य से महत्त्वाकांक्षी ई शासन परियोजनाओं को शुरु किया है।

ई–शासन परियोजनाएँ नागरिक केन्द्रित थीं, जिससे वे अपनी सीमित सुविधाओं के कारण वांछित प्रभाव की तुलना को कम कर सकती हैं। पृथक और कम इण्टरएक्टिव सिस्टम शासन के पूरे स्पेक्ट्रम के साथ ई–शासन को सफल करने में नाकाम रहे। एक संयुक्त सरकार की, स्थापना के लिए स्पष्ट रूप से आवश्यक बुनियादी सुविधाएँ, अधिक व्यापक योजना और कार्यान्वयन, आन्तरिक मुद्दों पर ध्यान आदि कार्यो को लागू करने की आवश्यकता थी। और इसके लिए डिजिटल इण्डिया की शुरुआत हुई। भारत ने भविष्य में तेजी से आगे बढ़ने के लिए डिजिटल मार्ग का विकल्प अपनाया है।

राष्ट्रीय ई–शासन योजना (एनयीजीपी) : राष्ट्रीय ई–शासन योजना (एनयीजीपी) को आम आदमी के लिए, सेवा वितरण एवं दक्षता सुनिश्चित करने, सस्ती कीमत पर पारदर्शिता और सेवाओं की विश्वसनीयता सुनिश्चित करने, आम आदमी की बुनियादी जरुरतों को पूरा करने एवं सरकारी सेवाओं को सुलभ बनाने की दृष्टि से 2006 में शुरु किया गया था।

वस्तुतः अब हम इलेक्ट्रॉनिक माध्यम से लाभ देने वाली सेवाओं को अधिक से अधिक लोगों से जोड़ेंगे, स्वाभाविक रूप से लोग इसकी तरफ आकर्षित होंगे। एक निश्चित स्तर पर पहुँचने के बाद कुछ सेवाएँ केवल इलेक्ट्रॉनिक माध्यम में ही उपलब्ध रहेंगी। केरल का 'अक्षय केन्द्र' मॉडल सभी स्थानों पर बड़ी संख्या में सेवाएँ उपलब्ध कराने में बेहद सफल रहा है। लोग वहाँ जाकर सेवाओं के लिए आवेदन कर सकते हैं, जो इलेक्ट्रॉनिक रूप से प्रोसेस्ड (प्रसंस्कृत) की जाती हैं और एक निश्चित समय के भीतर सेवाएँ उपलब्ध करा दी जाती है। राजस्थान, मध्यप्रदेश, झारखण्ड, महाराष्ट्र आदि राज्यों में भी इस प्रकार की सेवाएँ इलेक्ट्रॉनिक माध्यम से उपलब्ध करायी जा रही हैं।

न्यायिक प्रणाली को डिजिटल प्लेटफॉर्म पर लाकर उसे पुलिस, विभाग, सीबीआई, फोरेंसिक आदि के साथ जोड़ा जा रहा है ताकि अवांछित एवं जटिल प्रक्रिया से बचा जा सके।

ई–वोटिंग के माध्यम से छात्रों को मतदान का अधिकार दिया जाये।

दूर जाकर पढ़ाई कर रहे छात्र चुनाव के समय दूरी की वजह से मतदान नहीं कर पाते हैं। यहाँ तक कि बहुत से छात्र इस चुनाव में भी मतदान नहीं कर सके। ई–वोटिंग के लिए एक अलग वेबसाइट शुरू की जानी चाहिए। अगर एक छात्र अपने सही प्रलेखों के साथ ऑनलाइन वोटिंग के लिए अनुरोध करता है तो उसे एक पासवर्ड भेजा जाना चाहिए ताकि वह ई–वोटिंग कर सके।

सभी सरकारी या निजी निकायों को मोबाइल के एक आसान अनुप्रयोग (एप्लीकेशन) के माध्यम से आईसीआईसी नम्बर सत्यापित करने होंगे। जिसमें अनुप्रयोग (एप्लीकेशन) में आईसीआईसी नम्बर डालते ही नागरिकों के सारे विवरण देखे जा सकते हैं। यह अनुप्रयोग (एप्लीकेशन) अँगूठे के निशान से भी सत्यापण कार्य कर सकता है। (तकनीक के माध्यम से यह सम्भव है)। इससे न सिर्फ नागरिकों को आसानी होगी बल्कि भ्रष्टाचार कम करने में भी मदद मिलेगी। इन सभी कार्यों को सुचारु रूप से संचालित करने के लिए प्रधानमन्त्री ने जो महत्त्वाकांक्षी योजना बनायी है, उसे डिजिटल इण्डिया के नाम से जाना जाता है।

यह डिजिटल रूप से सशक्त समाज और ज्ञान आधारित अर्थव्यवस्था (knowledge based economy) बनाने के लिए एक कार्यक्रम है। डिजिटल इण्डिया कार्यक्रम परिवर्तनकारी प्रकृति का है जो यह सुनिश्चित करेगा कि सरकारी सेवाएँ इलेक्ट्रॉनिक रूप से नागरिकों के लिए उपलब्ध हों। 21वीं सदी में भारत अपने नागरिकों की आकांक्षाओं को पूरा करने के लिए प्रयास करेगा जहाँ सरकार और उसकी सेवाएँ नागरिकों के दरवाजे पर उपलब्ध हों और लम्बे समय तक सकारात्मक प्रभाव की दिशा में योगदान करें। डिजिटल इण्डिया कार्यक्रम का उद्देश्य आई टी की क्षमता को इस्तेमाल कर भारत को डिजिटल रूप से सशक्त समाज और ज्ञान अर्थव्यवस्था में बदलना है।

ब्रॉडबैण्ड हाइवेज–सामान्य तौर पर ब्रॉडबैण्ड का मतलब दूरसंचार से है, जिसमें सूचना के संचार के लिए आवृत्तियों (फ्रीक्वेंसीज) के व्यापक बैण्ड उपलब्ध होते हैं। इस कारण सूचना को कई गुणा तक बढ़ाया जा सकता है और जुड़े हुए तमाम बैण्ड की विभिन्न फ्रीक्वेंसीज या चैनलों के माध्यम से भेजा जा सकता है। इसके माध्यम से एक निर्दिष्ट समय सीमा में वृहत्तर सूचनाओं को प्रेषित किया जा सकता है। ठीक उसी तरह से जैसे किसी हाइवे पर एक से ज्यादा लेन होने से उतने ही समय में ज्यादा

गाड़ियाँ आवाजाही कर सकती हैं। ब्रॉडबैण्ड हाइवे निर्माण से अगले तीन सालों के भीतर देश भर की ढाई लाख पंचायतों को इससे जोड़ा जायेगा और लोगों को सार्वजनिक सेवाएँ मुहैया करायी जायेंगी।

सभी के लिए मोबाइल कनेक्टिविटी : देश भर में तकरीबन सवा अरब की आबादी में मोबाइल फोन कनेक्शन की संख्या जनवरी, 2018 तक करीब 101 करोड़ थी। शहरी इलाकों तक भले ही मोबाइल फोन पूरी तरह से सुलभ हो गया हो, लेकिन देश के विभिन्न ग्रामीण इलाकों में अभी भी इसकी सुविधा मुहैया नहीं हो पायी है। हालाँकि, बाजार में निजी कम्पनियों के कारण इसकी सुविधा में पिछले दशक में काफी बढ़ोतरी हुई है। देश के 55,000 गाँवों में अगले पाँच वर्षों के भीतर मोबाइल सम्पर्क की सुविधा सुनिश्चित करने के लिए 20,000 करोड़ के यूनिवर्सल सर्विस ऑब्लिगेशन फण्ड (यूएसओएफ) का गठन किया गया है। इससे ग्रामीण उपभोक्ताओं के लिए इण्टरनेट और मोबाइल बैंकिंग के इस्तेमाल में आसानी होगी।

पब्लिक इण्टरनेट एक्सेस प्रोग्राम–भविष्य में सभी सरकारी विभागों तक आम आदमी की पहुँच बढ़ायी जायेगी। डाकघरों के लिए यह दीर्घावधि विजन वाला कार्यक्रम हो सकता है। इस प्रोग्राम के तहत डाकघरों को मल्टी–सर्विस सेण्टर के रूप में बनाया जा रहा है। नागरिकों तक सेवाएँ मुहैया कराने के लिए यहाँ अनेक तरह की गतिविधियों को चलाया जायेगा। यह प्रक्रिया तीव्र गति से शुरु भी हो चुकी है।

ई–गवर्नेंस : प्रौद्योगिकी के जरिए सस्कार को सुधारना–सूचना प्रौद्योगिकी का इस्तेमाल करते हुए बिजनेस प्रोसेस री–इंजीनियरिंग के ट्रांजैक्शन्स (लेने–देन) में सुधार किया जायेगा। विभिन्न विभागों के बीच आपसी सहयोग और आवेदनों को ऑनलाइन ट्रैक किया जायेगा। इसके अलावा, स्कूल प्रमाण–पत्रों, वोटर आईडी कार्ड्स आदि की जहाँ जरुरत पड़े, वहाँ इसका ऑनलाइन इस्तेमाल किया जा सकेगा।

'ई–क्रान्ति' सेवाओं की इलेक्ट्रॉनिक डिलीवरी : इसमें अनेक बिन्दुओं को फोकस किया गया है। ई–एजुकेशन के तहत सभी स्कूलों को ब्रॉडबैण्ड से जोड़ने, सभी स्कूलों को मुफ्त वाइ–फाइ की सुविधा मुहैया कराने और डिजिटल साक्षरता कार्यक्रम की योजना है। किसानों के लिए हिन्दी कीमत की सूचना, खाद फसलों की जानकारी, फसलों की बुआई–कटाई आदि के बारे में बताया जायेगा। 'किसान सुविधा' ऐप भी जारी हो चुका है।

स्वास्थ्य सेवा : स्वास्थ्य के क्षेत्र में ऑनलाइन मेडिकल सलाह, रिकॉर्ड और सम्बन्धित दवाओं की आपूर्ति समेत मरीजों की सूचना से जुड़े एक्सचेंज की स्थापना करते हुए लोगों को ई–हेल्थकेयर की सुविधा देना। न्याय के क्षेत्र में ई–कोर्ट, ई–पुलिस, ई–जेल, ई–प्रोसिक्यूशन की सुविधा, वित्तीय इन्तजाम के तहत मोबाइल बैंकिंग, माइक्रो–एटीएम प्रोग्राम चलाया जायेगा। ऑनलाइन होने की वजह से चिकित्सक पल भर में रोगी के बारे में विस्तार से जानकारी ले पाते हैं जिससे रोग का निदान और इलाज करने में पर्याप्त मदद मिलती है।

सभी के लिए जानकारी : इस कार्यक्रम के तहत सूचना और दस्तावेजों तक ऑनलाइन पहुँच कायम की जायेगी। इसके लिए ओपन डेटा प्लेटफॉर्म मुहैया कराया जायेगा, जिसके माध्यम से नागरिक सूचना तक आसानी से पहुँच सकेंगे। नागरिकों तक सूचनाएँ मुहैया कराने के लिए सरकार सोशल मीडिया और वेब आधारित मंचों पर सक्रिय रहेगी। साथ ही, नागरिकों और सरकार के बीच दोतरफा संवाद की व्यवस्था कायम की जायेगी।

इलेक्ट्रॉनिक क्षेत्र में आत्मनिर्भरता : इलेक्ट्रॉनिक क्षेत्र से जुड़ी तमाम चीजों का निर्माण देश में ही किया जायेगा। इसके तहत 'नेट जीरो इंपोर्ट्स' का लक्ष्य रखा गया है ताकि 2020 तक इलेक्ट्रॉनिक्स के मामले में आत्मनिर्भरता हासिल की जा सके। इसके लिए आर्थिक नीतियों में सम्बन्धित बदलाव भी किये जायेंगे। फैब–लेस डिजाइन, सेट–टॉप बॉक्स, वीसेट, मोबाइल, उपभोक्ता और मेडिकल इलेक्ट्रॉनिक्स, स्मार्ट कार्ड्स, माइक्रो–एटीएम आदि को बढ़ावा दिया जायेगा।

ये सभी सेवाएँ हिन्दी में उपलब्ध है।

सोशल मीडिया और हिन्दी

सोशल मीडिया एक तकनीकी चीज है इसलिए निरपेक्ष है। यह हर तरह के काम के लिए प्रयोग में लाया जा सकता है चाहे वह अच्छा हो या बुरा। इस माध्यम की संवाद क्षमता निजी, आकर्षक और अन्तरंग है। जो इसे अधिक शक्तिशाली बनाती है। यह मीडिया क्रियात्मक है, इसलिए आपसी संवाद सम्भव है। संगणकों से निकलकर यह चलभाषा पर आ गया है फलस्वरूप सर्वव्यापी, सर्वत्र, सर्वसमय सुलभ हो गया है। राजनीतिक रणनीतियों, चुनावी नतीजों, विमर्श, स्थानीय, देशीय, राष्ट्रीय और अन्तरराष्ट्रीय समाचारों में अपनी जगह बनायी है। कम्पनियों और उनके उत्पादों, सेवाओं के प्रचार–प्रसार, उपभोग, मार्केटिंग के तरीकों को सदा के लिए बदला है। व्यापार, उद्योग, शासन, मनोरंजन, राजनीति और मीडिया जगत के लोगों के लिए यह अत्यन्त महत्त्वपूर्ण है।

सोशल मीडिया

भाषा अभिव्यक्ति का सशक्त माध्यम है एवं अभिव्यक्ति यदि अपनी भाषा (मातृभाषा, राष्ट्रभाषा या राजभाषा यानी सरकारी कामकाज की भाषा) में की जाती है तो वह प्रवाहमयी तथा प्रभावशाली होती है। इस प्रकार की अभिव्यक्ति में विरूपण (Distortion) की सम्भावना काफी कम होती है। जिस भाषा का हमारी संस्कृति से सम्बन्ध न हो उसे अभिव्यक्ति का माध्यम बनाने पर न सिर्फ अर्थ में विरूपण का जोखिम रहता है, वरन उच्चारण, वर्तनी एवं उपयुक्त शब्द चयन की समस्या का सामना भी करना पड़ता है।

भाषा के दो आयाम हैं–शुद्ध भाषिक आयाम और सामाजिक–आर्थिक–राजनीतिक–सांस्कृतिक सन्दर्भ। पहले में शब्द रचना, वाक्य रचना, व्याकरण, शब्दकोश आदि पर ध्यान दिया जाता है। दूसरे में प्रयोगों, परिवर्तनों, अर्थों, प्रभावों आदि पर ध्यान केन्द्रित किया जाता है। संसार की लगभग हर भाषा पर सोशल मीडिया के प्रभाव को महसूस किया जा रहा है। उसे समझने की कोशिश की जा रही है और उस पर विमर्श भी हो रहा है।

इस माध्यम ने भाषा के प्रयोग, शैली, व्याकरण, शुद्धता, वाक्य रचना आदि को प्रभावित किया है। लिखावट ही नहीं बोलचाल की भाषा भी इससे प्रभावित हुई है। इसने अपने लिए एक नयी भाषा गढ़ ली है।

सोशल मीडिया सर्वाधिक गतिशील व तात्कालिक माध्यम है, जहाँ स्पीड प्रमुख होती है। सबसे पहले सन्देश सम्प्रेषण की ललक ने ही सोशल मीडिया की भाषा के लिए अनर्गल संक्षेपाकारों को गढ़ लिया है जो न तो अधिकृत हैं, न ही व्याकरण संगत। जैसे 'ओंह माई गॉड' के लिए 'ओएमजी', 'गुड मार्निंग' के लिए सिर्फ 'जीएम' आदि।

भारत में कुछ साल पूर्व तक सोशल मीडिया पर अंग्रेजी भाषा का एकाधिकार था। हिन्दी लिखने के लिए रोमन लिपि का प्रयोग होता था। सोशल मीडिया साइट के अलावा कम्प्यूटर, लैपटॉप, टैब, मोबाइल फोन आदि उपकरणों पर देवनागरी लिपि में लिखने की सहजता नहीं थी लेकिन हिन्दी भाषा के व्यापक प्रसार के आगे इन उपकरणों के निर्माताओं और सोशल नेटवर्किंग साइट के सृजक (Creators) ने देवनागरी लिपि समर्थित तकनीक को स्वीकारा।

आज अत्याधुनिक स्मार्टफोन सहित टैब, लैपटॉप आदि उपकरणों में सारे इनपुट देवनागरी लिपि में दर्ज किये जा सकते हैं एवं फाइलें आदि तैयार की जा सकती हैं। सिर्फ हिन्दी ही नहीं, विश्व की पचास से अधिक भाषाओं में सोशल मीडिया में कार्य सम्पन्न किये जा रहे हैं, जिनमें फ्रेंच, जर्मन, हिब्रू, अरबी, मंडारिन, स्वाहिली (अफ्रीकी देशों की भाषा) व फारसी शामिल हैं। भारत के संविधान की आठवीं अनुसूची में उल्लिखित सभी बाइस भाषाओं में कार्य संचालित करने की सुविधा है।

वस्तुतः आज सूचना प्रौद्योगिकी के क्षेत्र में ज्यों–ज्यों नवीनतम तकनीक का आगमन हो रहा है, अंग्रेजी का वर्चस्व समाप्त हो रहा है तथा अन्य तमाम भाषाओं का बोलबाला बढ़ रहा है। भारत के भौगोलिक क्षेत्र में यदि वैश्विक कम्पनियों को अपना बाजार तलाशना है तो उन्हें हिन्दी का दामन पकड़ना ही होगा। भाषा विज्ञान कहता है कि किसी भाषा का प्रसार तथा चरित्र उस भाषा का उपयोग करने वालों द्वारा लगातार परिभाषित एवं पुनः परिभाषित होते रहने में निहित है। भारत के साथ भी ऐसा ही है।

जापान, क्यूबा, दक्षिण अफ्रीका, तुर्की, निकारागुआ, फ्रांस और जर्मनी आदि विश्व के कई देशों के साथ भी कुछ–कुछ ऐसा ही है। इसलिए अधिकांश देशों ने उपनिवेशवाद से मुक्ति मिलते ही अपनी मूल भाषा में

काम करना शुरू कर दिया और आज जब सोशल मीडिया का चलन बढ़ा तो इन देशों की मूल भाषाएँ सोशल मीडिया पर प्रयोग का माध्यम बन गयीं। वैश्वीकरण के दौर में वैश्विक उपभोक्तावाद की स्वीकार्यता बढ़ने से औपनिवेशिक भाषाओं का इस्तेमाल स्वभावतः कम होता गया। खरीददार की भाषा में विक्रेताओं को व्यापार करना पड़ेगा न! मूल भाषा के प्रयोग से उपभोक्ताओं का आर्थिक सामर्थ्य भी बढ़ा है।

सोशल मीडिया की व्यापकता और हिन्दी का प्रसार

इक्कीसवीं सदी के पहले दशक में इण्टरनेट की बेतहाशा वृद्धि हुई और दूसरे दशक में सोशल मीडिया का चलन–प्रचलन बढ़ा। हाई स्पीड ब्रॉडबैण्ड कनेक्शन, वाई–फाई हॉट–स्पॉट्स तथा डोंगल ने नेट और सोशल मीडिया को काफी गतिशील बना दिया है। सोशल मीडिया व्यावसायिक उपक्रमों के रूप में भी उपयोगी हो गया है। बड़ी–बड़ी कम्पनियाँ फेसबुक, ट्विटर, ब्लॉग ..आदि के जरिए उपभोक्ताओं तक पहुँच गयी हैं, जहाँ अपने उत्पादों के बारे में हिन्दी में जानकारी विज्ञापित की जाती है। अमेजॉन (अमरीकी सेल्स मार्केटिंग कम्पनी) भी प्रोडक्ट की बिक्री हेतु हिन्दी भाषा को अपना रहा है।

हिन्दी में ब्लॉग

वर्तमान दौर में ब्लॉग लिखने का चलन बढ़ा है। नये सोशल मीडिया के कंटेंट में ब्लॉग की प्रमुख उपस्थिति बन गयी है। ब्लॉग 'वेब लॉग' का संक्षिप्त रूप है, जिसका जन्म 1997 में जॉन बार्जर ने पहली बार 'वेब ब्लॉग' लिखकर किया था। पीटर मैरहोल्ज ने 1999 में 'ब्लॉग' के रूप में इसका संक्षिप्तीकरण किया। ब्लॉग लिखने से रचनात्मकता का विकास होता है। इसलिए भी कई लोग विशेषकर रंगकर्मी, रचनाकार, कलाकार, उद्यमी, शिक्षक व प्रशिक्षक आदि ब्लॉग लिखने में रुचि लेते हैं। चूँकि रचनात्मकता के प्रकटीकरण व सम्प्रेषण के लिए व्यक्ति को मूल भाषा की आवश्यकता होती है, इसलिए ब्लॉगर भारत में 60 फीसदी से अधिक हिन्दी में लिखते हैं। वे ज्यादा से ज्यादा लोगों तक अपनी पहुँच बनाना चाहते हैं। अतः अपनी रचनात्मक कुशलता का अधिकाधिक उपयोग ब्लॉग में करते हैं। ब्लॉग की लोकप्रियता और विश्वसनीयता को देखते हुए पारम्परिक प्रिण्ट एवं इलेक्ट्रॉनिक मीडिया यानी अखबार व टीवी अपने वेब संस्करणों में ब्लॉग को स्थान दे रहे हैं। इन ब्लॉग पर पाठक अपने मत–अभिमत के रूप में ब्लॉग लिख रहे हैं।

हिन्दी का प्रयोग और संवादात्मकता

सोशल मीडिया इस कारण ही सोशल मीडिया कहलाता है क्योंकि इसमें संवादात्मकता की गुंजाइश रहती है। परस्पर संवाद का गुण सोशल मीडिया का अहम गुण है। चूँकि व्यक्ति अपनी मूल भाषा में ही संवाद करना पसन्द करता है, अतः हिन्दी का महत्त्व एवं उपयोग स्वतः ही बढ़ जाता है। वस्तुतः संवाद स्थापित करने के उद्देश्य से ही सोशल मीडिया की शुरुआत हुई है।

भाषाई एकरूपता को बढ़ावा

सोशल मीडिया ने भाषाई एकरूपता को संवर्धित किया है। हिन्दी तथा अन्य भाषाओं के शब्दों का निःसंकोच उपयोग बढ़ा है। अंग्रेजी शब्दों को देवनागरी लिपि में लिखने का प्रयोग बढ़ा है। दिमागी सक्रियता भी बढ़ी है। मसलन जितनी तेजी से आप टाइप करते जाते हैं या बोलते जाते हैं, उतनी तेजी से टेक्स्ट सेव भी करते जाते हैं। एक जैसे या मिलते–जुलते शब्द (श्रुतिसम भिन्नार्थक शब्द) जब स्क्रीन पर चमकते हैं, तब उनमें से अपनी आवश्यकता के अनुसार शब्द आप 'सलेक्ट' करते हैं। ये सारे काम एक साथ करने होते हैं। अलग–अलग भाषाओं के शब्दों का उपयोग हमारी सामासिक संस्कृति (Composit Culture) को समृद्ध करता है।

लीला सॉफ्टवेयर

भारत सरकार के राजभाषा विभाग ने देश की 14 भाषाओं तथा अंग्रेजी भाषा अर्थात कुल 15 भाषाओं के जरिए हिन्दी सीखने के लिए मल्टीमीडिया आधारित स्व–शिक्षण ऐप जारी किया है, जिसका संक्षिप्त नाम 'लीला' (Learn Indian Languages Through Artificial Intelligence) रखा गया है।

माननीय राष्ट्रपति श्री रामनाथ कोविंद ने 14 सितम्बर 2017 को इस ऐप को शुरू किया। संस्कृत में लीला का अर्थ खेल होता है। यानी खेल–खेल में हिन्दी को आधुनिक सोशल मीडिया तकनीक के द्वारा सीखने की सुविधा इस ऐप में दी गयी है। लीला पैकेज में हिन्दी का ज्ञान तीन चरणों (प्रबोध, प्रवीण और प्राज्ञ) में प्राप्त किया जा सकता है। इस पैकेज की विशेषता है कि इसमें शब्दों और वाक्यों का सही उच्चारण ऑडियो सुविधा के तहत कितनी भी बार सुना जा सकता है। इससे सही उच्चारण और वर्तनी सीखी जा सकती है। आसानी से समझने के लिए प्रत्येक अध्याय में नैरेटिव खण्ड (Narrative Section) के साथ उसका वीडियो भी

उपलब्ध है। क्लिपिंग में बोला गया वाक्य अध्याय में भी विशिष्ट रूप से डिसप्ले होता है। इस प्रकार सीखना सरल और सहज भी हो जाता है और मजेदार भी। इस ऐप को अपने मोबाइल फोन पर डाउनलोड करके अंग्रेजी, असमिया, बांग्ला, बोडो, गुजराती, कन्नड़, कश्मीरी, मलयालम, मणिपुरी, मराठी, नेपाली, पंजाबी, तमिल और तेलुगू के माध्यम से हिन्दी सीखी जा सकती है।

नकारात्मक प्रभाव

एस.एम.एस., फेसबुक, वॉट्सअप, इंस्टाग्राम, स्नैपचैट, ट्विटर, पिंटरेस्ट में प्रयुक्त हिन्दी भाषा का स्वरूप

- भाषाई मानक बदल रहे हैं।
- भाषा का शब्द सौन्दर्य, मर्यादा, गरिमा और स्वरूप बदल रहा है।
- खिचड़ी और भ्रष्ट भाषा का प्रयोग।
- विकृत और अटपटे शब्दों का प्रयोग।
- देवनागरी लिपि के बदले रोमन लिपि का प्रयोग।
- साहित्य से भाषा का दूर होना।

सकारात्मक प्रभाव

ट्विटर मंचों की शब्द सीमा ने अपनी बात को चुस्त और कम–से–कम शब्दों में कहने के अभ्यास को सम्भव बनाया। सोशल मीडिया ने सार्वजनिक अभिव्यक्ति को बढ़ावा देकर एक बड़े समुदाय को निडर बनाया, बिना रोक–टोक और नियन्त्रण के अपनी बात, सोच और अनुभव व्यक्त करना सम्भव बनाकर करोड़ों लोगों को प्रत्यक्ष और अप्रत्यक्ष रूप से नयी ताकत और हिम्मत प्रदान की। इस ताकत ने सरकारों और शासकों को ज्यादा पारदर्शी, संवादोन्मुख और जवाबदेह बनाया। जनता के मन को जानने का नया माध्यम दिया। इसने सरकार को अपने फैसलों, नीतियों और व्यवहारों को बदलने के लिए मजबूर किया। साथ–ही–साथ हिन्दी भाषा को चाहे वह अटपटी ही क्यों न हो खूब बढ़ावा दिया है।

सामाजिक सरोकार से जुड़ी योजनाओं का लाभ

विभिन्न सरकारी योजनाओं का लाभ लेने के लिए तथा इनके बारे में विस्तृत जानकारी प्राप्त करने के लिए कई ऐप सोशल मीडिया पर उपलब्ध हैं, जो हिन्दी में हैं। उदाहरण के लिए–My Gov.,उमंग, eNAM,

PMKVY, (प्रधानमन्त्री योजना), योगी आदित्यनाथ योजना तथा उज्ज्वला योजना प्रमुख हैं। इनके अलावा बैंकों, बीमा कम्पनियों, रेलवे, डाकघर सहित लगभग सभी संस्थाओं के ऐप सोशल मीडिया पर मौजूद हैं और इन ऐपों का उपयोग करने के लिए अंग्रेजी जानना जरूरी नहीं है। हिन्दी में इन ऐपों का इस्तेमाल किया जा सकता है। सोशल मीडिया पर व्यवसाय करने के लिए भी हिन्दी जरूरी है।

दरअसल सोशल मीडिया ने हिन्दी के प्रचार–प्रसार की दिशा में तो प्रमुख कार्य किया ही है, इसने हिन्दी व अन्य भारतीय भाषाओं के यूजर्स को सूचना प्रौद्योगिकी के नवीनतम तकनीक के साथ जोड़कर उन्हें जागरूक तथा सामर्थ्यवान बनाया है, जो सशक्त भारत के निर्माण के लिए अनिवार्य है।

कम्प्यूटर में हिन्दी का प्रयोग

यह एक भारी गलतफहमी है कि कम्प्यूटर की भाषा अंग्रेजी है और लिपि रोमन। एक ऐतिहासिक संयोग हुआ कि कम्प्यूटर का विकास सर्वप्रथम ऐसे देशों में हुआ जिनकी भाषा रोमन लिपि पर आधारित थी। किन्तु इस बात का कोई तकनीकीकरण नहीं है कि रोमन लिपि या अंग्रेजी भाषा कम्प्यूटर के लिए आदर्श मानी जाये। वस्तुतः कम्प्यूटर की दो संकेत वाली अपनी स्वतन्त्र गणितीय भाषा है और उसी में वे प्राकृतिक भाषाओं को ग्रहण करके अपने सारे कार्य करते हैं। कम्प्यूटर की गणितीय भाषा का संकेतन रोमन लिपि और अंग्रेजी भाषा में किया गया है। देवनागरी लिपि एक वैज्ञानिक लिपि है। भारतीय भाषाएँ विश्व की अनेक भाषाओं की तुलना में वाक्य–विज्ञान, ध्वनि–विज्ञान और रैखिक दृष्टि से अधिक सुनियोजित हैं। अमरीकी वैज्ञानिक रिक ब्रिग्स की यह धारणा है कि संस्कृत भाषा–कम्प्यूटर प्रोग्राम की दृष्टि से आदर्श भाषा है। इसलिए देवनागरी लिपि में कम्प्यूटर पर कार्य करना कठिन नहीं है। देवनागरी लिपि और हिन्दी भाषा को कम्प्यूटर की भाषा में रूपान्तरित करने की दिशा में हार्डवेयर एवं सॉफ्टवेयर के क्षेत्र में हुए प्रयासों की बदौलत अब हिन्दी में कम्प्यूटर पर आसानी से कार्य किया जा सकता है।

1. हिन्दी में शब्द–संसाधन (Word Processing) : शब्द संसाधन भाषा संसाधन का आरम्भिक सोपान है। हिन्दी में भी सर्वप्रथम कम्प्यूटर के सन्दर्भ में शब्द संसाधन का कार्य आरम्भ हुआ, किन्तु आरम्भिक चरण में रोमन लिपि के माध्यम से ही हिन्दी पाठों का कुंजीयन किया जाता था। अब भारत और विदेशों में शब्द–संसाधन के अनेक पैकेज विकसित

किये गये हैं, जिनमें हिन्दी में द्विभाषिक रूप में या फिर बहुभाषिक रूप में विभिन्न भारतीय भाषाओं के माध्यम से शब्द संसाधन के कार्य किये जा सकते हैं। इनमें से प्रमुख हैं अक्षर, मल्टीवर्ड, शब्द माला, शब्द रत्न, बाइस्क्रिप्ट, आलेख, भारती, एएलपी आदि। इनमें से कुछ पैकेजों में वे तमाम सुविधाएँ भी उपलब्ध हैं, जो वर्ड स्टार, वर्ड परफेक्ट, वर्ड माइक्रोसाफ्ट जैसे अधुनातन वर्ड प्रोसेसिंग पैकेजों में सुलभ है।

2. हिन्दी में डाटा–संसाधन (Data Processing) : डाटा संसाधन सम्बन्धी कार्य हिन्दी में सम्पन्न करने के लिए दो विकल्प हैं : हार्डवेयर विकल्प और सॉफ्टवेयर विकल्प।

(क) हार्डवेयर विकल्प (Hardware option) : इस दिशा में आई.आई.टी. कानपुर का प्रयास विशेष रूप से उल्लेखनीय है। इनके द्वारा विकसित प्रणाली जिस्ट प्रौद्योगिकी (Graphics and Intelligence Based Script Technology), के रूप में प्रसिद्ध है। और इस पर आधारित विभिन्न अनुप्रयोगों के विकास का दायित्व भारत सरकार की 'सी–डैक' नामक सोसायटी को सौंप दिया गया है। सी–डैक (Center for Development of Advanced Computing), नाम से विख्यात संस्था पुणे में स्थित है। 'जिस्ट प्रौद्योगिकी' के अन्तर्गत पर्सनल कम्प्यूटर के मदर बोर्ड पर एक 'प्लग इन कार्ड' लगा दिया जाता है। इस कार्ड को 'जिस्ट कार्ड' कहा जाता है। इस कार्ड की सहायता से कम्प्यूटर पर शब्द संसाधन तथा डाटा संसाधन के लिए प्रचलित रोमन के सभी पैकेजों का प्रयोग द्विभाषिक या बहुभाषिक किया जा सकता है।

(ख) सॉफ्टवेयर विकल्प (Software option) : सॉफ्टवेयर विकल्प के अन्तर्गत कम्प्यूटर में किसी प्रकार के परिवर्तन की आवश्यकता नहीं होती। ये पैकेज फ्लापी डिस्क के रूप में उपलब्ध होते हैं। ये पैकेज दो प्रकार के होते हैं। (1) समर्पित सॉफ्टवेयर प्रोग्राम (Dedicated Software Programmes), और (2) सामान्य उद्देश्यीय सॉफ्टवेयर परिवेश (General Purpose Software Environment)

(1) समर्पित सॉफ्टवेयर प्रोग्राम : इसके अन्तर्गत हिन्दी में डाटा–संसाधन का एक सॉफ्टवेयर है 'देव बेस' (द्विभाषी डाटा बेस प्रबन्ध प्रणाली) यह सॉफ्टवेयर 'डी–बेस III प्लस' का द्विभाषी संस्करण है और इसका निर्माण नयी दिल्ली स्थित मे. सॉफ्टवेयर प्राइवेट लिमिटेड द्वारा किया गया है। 'डी–बेस III प्लस' के अन्तर्गत हिन्दी में काम करने के

लिए यह एक अच्छा पैकेज है लेकिन डी–बेस के संशोधित पैकेज जैसे डी–बेस IV आदि में हिन्दी में कार्य करने के लिए इसमें संशोधन की आवश्यकता होगी।

(2) सामान्य उद्देश्यीय सॉफ्टवेयर परिवेश : इसकी सहायता से रोमन लिपि के सभी सॉफ्टवेयर पैकेजों (जैसे डी–बेस, लोटस, सॉफ्ट बेस, क्लिपर, फॉक्सप्रो, ऑरेकल आदि) में हिन्दी में कार्य किया जा सकता है। इसके अलावा यह बेसिक, कोबोल, सी, पास्कल आदि प्रोग्रामिंग भाषाओं में तैयार किये गये प्रोग्रामों में भी हिन्दी को अतिरिक्त क्षमता प्रदान करता है। आर.के. कम्प्यूटर रिसर्च फाउण्डेशन, नयी दिल्ली द्वारा विकसित 'सुलिपि' नामक यह सॉफ्टवेयर जिस्ट के समान ही सामान्य उद्देश्यीय सॉफ्टवेयर है, जिसके माध्यम से एम.एस. डॉस पर आधारित पर्सनल कम्प्यूटरों पर कार्यालय स्वचालन (Office Automation), सम्बन्धी सभी कार्य हिन्दी–अंग्रेजी में साथ–साथ किये जा सकते हैं।

(3) डेस्क टॉप प्रकाशन (DTP) : शब्द संसाधन के समान डीटीपी की द्विभाषी सुविधा भी अत्यन्त लोकप्रिय होने लगी है। आरम्भ में यह सुविधा रोमन के वेंचुरा सॉफ्टवेयर पर आधारित प्रकाशन वीनस आदि पैकेजों तक ही सीमित थी, लेकिन अब 'पेजमेकर' और 'विण्डोज' में भी इसका प्रयोग बढ़ने लगा है साथ ही इंडिका, इज्म, ऐस्ट्रिक, सुलेजर आदि अनेक पैकेज आज बाजार में उपलब्ध हो गये हैं। ये पैकेज 'पेजमेकर' और 'विण्डोज' के अलावा कोरल ड्रा जैसे पैकेजों में भी हिन्दी में कार्य करने की सुविधा प्रदान करते हैं।

(4) पीसी आधारित टेलेक्स प्रणाली : टेलेक्स प्रणाली अब कम्प्यूटर तक पहुँच गयी है। आज हम अपने कम्प्यटर पर टेलेक्स कार्ड लगाकर संदेशों का आदान–प्रदान सकते हैं। इस सुविधा को हिन्दी में सुलभ करने के लिए डाटा बाइट, सीएमसी, एचसीएल आदि कम्पनियों ने द्विभाषी उपकरण विकसित किये हैं। इसके अलावा आर.के. रिसर्च कम्प्यूटर फाउण्डेशन ने 'सुलिपि' सॉफ्टवेयर पर आधारित एक इण्टरफेस' विकसित किया है, जिसकी सहायता से किसी भी कम्प्यूटर पर हिन्दी में सन्देशों का आदान–प्रदान किया जा सकता है।

(5) उपशीर्षक और वीडिओ वर्क्स : फिल्मों के उपशीर्षक, हिन्दी और अन्य भारतीय भाषाओं में लिखने का कार्य भारत में ही हुआ है। नवम्बर 1992 में नयी दिल्ली में आयोजित अन्तरराष्ट्रीय फिल्म समारोह के अवसर पर दूरदर्शन द्वारा प्रसारित हिन्दी फिल्म 'सलाम बॉम्बे के उपशीर्षक

विभिन्न राज्यों में उनकी अपनी भाषाओं में ही प्रदर्शित किये गये थे। लिप्स (LIPS), नाम से प्रसिद्ध इस प्रौद्योगिकी का विकास सी–डैक, पुणे के जिस्ट ग्रुप द्वारा किया गया था। इसी प्रौद्योगिकी के दूसरे चरण के रूप में वीडिओ वर्क्स के कार्य को भी हिन्दी में प्रदर्शित करने के लिए आवश्यक सॉफ्टवेयर का विकास किया जा रहा है, जिसकी सहायता से रेलवे आरक्षण, गाड़ियों का आवागमन, हवाई जहाजों के आगमन–प्रस्थान आदि से सम्बन्धित सूचनाएँ टी.वी. मॉनिटर के जरिये हिन्दी में प्रदर्शित की जा सकेंगी।

(6) कम्प्यूटर साधिक हिन्दी भाषा–शिक्षण : भारत में सुपर कम्प्यूटर के निर्माता सी–डैक, पुणे ने कम्प्यूटर के जरिये हिन्दी सिखाने के लिए एक ऐसा बहुआयामी सॉफ्टवेयर पैकेज विकसित किया है, जिससे हम न केवल हिन्दी की संरचना की बारीकियों को समझ सकते हैं, बल्कि प्रामाणिक उच्चारण और चित्रों की सहायता से हिन्दी पढ़ाना, बोलना और लिखना सीख सकते हैं। इस सॉफ्टवेयर को 'लीला' (LILA) कहते हैं। यह वस्तुतः Learn Indian Languages Through Artificial Intelligence का एक्रोनिम है। इसकी सहायता से कार्यालयी कामकाज में हिन्दी के प्रयोग के लिए सुविधा हो गयी है। 'लीला हिन्दी प्रबोध' नामक कम्प्यूटर सॉफ्टवेयर की सहायता से कर्मचारी और अधिकारी प्रबोध स्तर तक की हिन्दी सीख सकते हैं। देवनागरी वर्ण की लेखन विधि ग्राफिक्स के रूप में चित्रित है और देवनागरी के वर्णों की रचना विधि ट्रेसर (स्ट्रोक–बाई–स्ट्रोक) और उसके उच्चारण के सम्बन्ध में आवश्यक जानकारी मिलती है। इसकी प्रमुख विशेषताएँ इस तरह हैं–

1. ध्वनि तथा उच्चारण की व्यवस्था के तहत शब्दों में वर्णों का मानक उच्चारण सुना जा सकता है।

2. उच्चारण सुनकर अपनी वाणी रिकॉर्ड कर सकते हैं और मानक उच्चारण के साथ उसकी तुलना भी कर सकते हैं।

3. ऑनलाइन कोश की व्यवस्था है।

4. दृश्य–साधन क्लिपिंग के रूप में उपलब्ध है।

5. शब्दों के ग्राफिक्स / चित्र भी उपलब्ध हैं।

6. मूल्यांकन की व्यवस्था भी है जिससे उसकी सम्प्राप्ति का वितरण प्राप्त हो जाता है।

इसी पद्धति पर 'लीला हिन्दी प्रवीण' भी तैयार किया गया है और

'लीला हिन्दी प्राज्ञ' निर्माणाधीन है। यह पद्धति अब सुचारू रूप से काम करती है और डॉस के साथ 'विंडोज़' पर भी उपलब्ध है।

(7) कम्प्यूटर साधित अनुवाद–कार्य : कम्प्यूटर द्वारा अनुवाद के लिए शोध–कार्य सन् 1950 से आरम्भ हुआ और आज कुछ हद तक उसमें सफलता भी प्राप्त हुई है। भारत में इस दिशा में कई वैज्ञानिकों ने कार्य किया है। प्रो. पी.सी. गणेश सुंदरम् के निर्देशन में भारतीय विज्ञान संस्थान, बैंगलुरू द्वारा अंग्रेजो, हिन्दी, कन्नड़, तमिल और रूसी भाषा के सरल वाक्यों के अनुवाद के लिए विशेष अनुवाद प्रणालियों का विकास किया गया। तंजौर विश्वविद्यालय द्वारा रूसी से तमिल अनुवाद की प्रणाली विकसित की गयी। राष्ट्रीय सॉफ्टवेयर विकास केन्द्र, मुम्बई द्वारा अंग्रेजी से हिन्दी में सीमित अनुवाद के लिए 'स्क्रीन टॉक' नामक प्रणाली का विकास किया जा रहा हैं इस दिशा में सबसे महत्त्वपूर्ण प्रयास आई.आई.टी. कानपुर में किया जा रहा है। इस संस्थान ने संस्कृत के पाणिनि व्याकरण की कारक प्रणाली पर आधारित एक ऐसे 'इण्टरलिंग्वा पाणिनीय फ्रेमवर्म' का विकास किया है, जिसकी सहायता से भारतीय भाषाओं में परस्पर अनुवाद का मार्ग प्रशस्त होगा। यह कार्य केन्द्रीय संस्कृत विद्यापीठ, तिरुपति के सहयोग से हो रहा है।

सेण्टर फॉर एजुकेशन, चितरंजन पार्क नयी दिल्ली द्वारा 'अनुवादक' प्रोग्राम तैयार किया गया है। यह प्रोग्राम अंग्रेजी–हिन्दी द्विभाषिक अनुवाद के रूप में तैयार किया गया है, जिसमें हिन्दी भाषा के व्याकरण सम्बन्धी नियम भी है। इनकी सहायता से अंग्रेजी के शब्दों/वाक्यांशों का अनुवाद प्रस्तुत किया जा सकता है। इसमें दोनों भाषाओं के स्पेलिंग भी उपलब्ध हैं। इनके प्रयोग के लिए बहुत समान्तर कोश भी उपलब्ध है। सरकारी पत्राचार में काम आने वाली शब्दावली/अभिव्यक्तियाँ भी इसमें विद्यमान है। और अधिक शब्दों को इसमें सम्मिलित किया जा रहा है। अनुवाद के पूर्व और बाद की स्थितियों से निपटने के लिए चेकर भी विद्यमान है।

(8) लिप्यन्तरण कार्य : भारतीय रेलवे में सी.एम.सी. लिमिटेड के सहयोग से टिकटों पर स्टेशन के नामों का मुद्रण, आरक्षण तालिकाओं की छपाई और दिल्ली महानगर की टेलिफोन निर्देशिका की द्विभाषी छपाई आदि का कार्य लिप्यंतरण के विशेष सॉफ्टवेयर की मदद से किया जा रहा है। एयर इण्डिया के लिए राष्ट्रीय सॉफ्टवेयर विकास केन्द्र, मुम्बई द्वारा विदेशी नामों को रोमन से हिन्दी में लिप्यन्तरित करने के लिए विशेष सॉफ्टवेयर का विकास किया जा रहा है।

(9) मल्टी–मीडिया सिस्टम : नवीनतम कम्प्यूटर प्रणाली का आधार इतना व्यापक हो गया है कि उसमें विभिन्न प्रकार के श्रव्य दृश्यात्मक साधन एक ही मंच पर समाहित हो जाते हैं। मल्टीमीडिया सिस्टम कम्प्यूटर की वह प्रणाली है, जिसमें कम्प्यूटर की क्षमता के साथ ऑडियो–वीडियो, ग्राफिक्स और ऐनिमेशन की भी व्यापक रूप से प्रयोग किया जाता है। विश्वकोश के लिए इसका प्रयोग अमेरिका और यूरोप के देशों में व्यापक रूप से किया जा रहा है। सी–डैक, पुणे ने 'माया' नामक एक ऐसे 'वर्क स्टेशन' का निर्माण किया है, जिस पर ऐसी सामग्री का निर्माण किया जा सकता है।

उक्त विवेचन से स्पष्ट है कि जीवन का हर क्षेत्र कम्प्यूटर से जुड़ा है और कम्प्यूटर से कोई क्षेत्र अछूता नहीं है। कम्प्यूटर अपनी निजी भाषा में कार्य करता है, उस भाषा के साथ दुनिया की हर भाषा अपने–आपको जोड़ सकती है। कम्प्यूटर हर भाषिक कार्य हर भाषा में करने की क्षमता रखता है, बशर्ते कि उस भाषा का व्यक्ति कम्प्यूटर की क्षमता को पहचाने और अपने आपको भी सक्षम बनाये।

❑❑